JN059343

HISTOIRES EXTRAORDINAIRES

傑物が変えた世界史

ドラキュラ伯爵、狂王ルートヴィヒ二世からアラビアのロレンスまで

アラン・ドゥコー
Alain Decaux
神田順子／村上尚子／清水珠代 訳
Junko Kanda　Naoko Murakami　Tamayo Shimizu

原書房

傑物が変えた世界史・上

ドラキュラ伯爵、狂王ルートヴィヒ二世からアラビアのロレンスまで

◆目次

ジャン＝フランソワ・シャントゥールに

傑物が変えた世界史◆下・目次

1 ドラキュラ、ヴラド三世（一四三一―一四七六）
串刺し公から吸血鬼へ

一人の旅人がトランシルヴァニアに到着した。幌つき二輪馬車の座席に腰を下ろした旅人は、この山国の起伏が多い坂道ゆえの振動をものともせず、気分は軽やかだった。馬の首にとりつけられた鈴が、真綿でくるまれたような静けさのなかで鳴っている…。吸血鬼の物語はすべて、こうした書き出しではじまることは、皆さんもご承知のとおりだ。

屹立（きつりつ）するいくつもの山の峰を背景に、一つの城のシルエットがくっきりと浮かび上がる。ある理由で――これには無限のバリエーションがある――、旅人はこの城を訪れて宿を請う。城主が姿を現わす。背が高く、痩せていて、陰鬱（いんうつ）。そこにいるだけで、言葉にならない心地悪さをもたらす人物だ。主（あるじ）が墓の底から響いてくるような声で訪問客に歓迎の言葉を述べるのはお決まりだ。

「拙宅にようこそ。遠慮せずに、お入りなさい。お寛ぎなさい」

続きについては、こうした訪問客のうちでもっとも有名な人物の語りに耳を傾けるのが適切であろう。「彼は不動で、彫像さながらに立っていた。だが、わたしが戸口をまたぐやいなや、手を差し伸べながら弾かれたようにわたしに近寄り、わたしの手をとり、わたしが顔をしかめるほど強くにぎりしめた。その手は氷のように冷たく、生者のというよりは死者の手に近かったので、なおのこと耐えがたかった」

読者を焦らさずに紹介するが、この訪問客は小説の登場人物である。名前はヴァン・ヘルシング、『ドラキュラ』の著者ブラム・ストーカーの想像力の産物である。『ドラキュラ』は一八九七年に出版されるやいなやベストセラーとなった。以降、世界中で何百万部もの売り上げを誇っている。

†

一九三一年、小説と同じ題名を冠したはじめての映画が上演された。俳優ルゴシ・ベーラがドラキュラを演じた。ルゴシは終生、舞台およびスクリーンで、美しい女性のおいしそうなじに犬歯をつきたてつづけることになる。ルゴシのあとは、クリストファー・リーがドラキュラ役者として名を馳せることになる。

小説と映画がヒットして以降、吸血鬼が生者の世界に属していないことはだれでも知っている。ドラキュラ伯爵はずっと昔に死んだのだが、またとない特権によって、塵芥（ちりあくた）となる運命をのがれた。昼間は自分の墓ですごし、死骸と見紛（みまご）うばかりだが眠っているだけだ。そして、夜のとばりが下（お）りるやいなや、目を覚まして起き上がり、墓から出て、生き血を吸うための獲物を探しまわる。人間の血を吸わなければ、吸血鬼の体もすべての人間の遺体と同じ運命をたどり、朽ちはてて、塵芥となってしまう。これが吸血鬼の秘密だ。

人類はごく早い時期から亡霊の存在を信じていた。すべての神話、あらゆる宗教は、生者に姿を現わす死者について言及している。ルネサンス以降、ドイツやオーストリア、そしてとくに東欧において、「たんなる幽霊ではなく、肉と骨をそなえた死者」が埋葬された墓から出て生者を襲うことがある、との考えが広まった[1]。

吸血鬼がブームとなったのは一八世紀だと思われる。吸血鬼がひき起こす惨事を伝える話——大多数が東ヨーロッパを起源としている——がさかんに語られた時代だ。ベネディクト修道会士のドン・カルメが集めた話を筆頭に、いくつかの証言は又聞き（またぎ）にすぎないが、無視できぬほどの数のケースについて精密な公的報告書が残されていることは、歴史研究者も否定できない。

ベオグラード副司令官ボッタ・アドルノはベオグラードの軍事法廷において、一七三二年にモラヴァ川に面した農村メヴェットで行なわれた調査の概要を報告している。この村の住民たちは、七週間前に亡くなったミリッツァという老女が吸血鬼となっている、と訴えていた。ミリッツァを知っていた者たちは、彼女が「痩せこけてギスギスしていた」と言っていた。彼女は生前、「吸血鬼に襲われて死んだ羊二頭の肉を食べたことがあるので、自分も吸血鬼になるだろう」と隣人たちに語っていた。

墓穴からの遺体の掘り起こしを命じられた医師は次のように語っている。「ところが、掘り起こしてみると、彼女［ミリッツァ］は以前よりも肉づきがよく、血がにじんでいました。鮮血が鼻と口から流れ出していました。こうしたことすべては異常だと思われました。ゆえに、村人たちの話は戯言(たわごと)である、とはいえません。その一方、生前は肉づきがよかったが、老女［ミリッツァ］の場合ほど深刻でない病のために痩せてしまった青少年たちの墓をいくつかあばいたところ、彼らの遺体は、通常の遺体の例にしたがわず、腐敗していました」

同じ一七三二年、ヴュルテンベルク歩兵連隊付き外科専門軍医のヨーセフ・ファレディ＝タマルシは、吸血鬼が出現していると訴えているラドエヴォ村の住民の要請に応えることになった。「そのようなことは起こるはずがない、と言い聞かせようとしたが納得してもらえなかった」軍医殿は、村人が魔法使いだったと名ざしするミロシュという男の墓をあばかせることになった。ミロシュは一五か月前に埋葬されていた。「墓穴の遺体はなんの損傷もなく、完全無欠であったが、目は大きく見開かれていた。寡婦は、夫が亡くなったときに目を閉じた、と断言した。村で遺体を洗う役目を担っている女、ディエナも、まちがいなく目は閉じられていた、と証言している。四肢には硬直がいっさいなく、ミロシュの死体は痩せているが筋肉質であった」

報告書の続きは以下のとおりである。「ラドエヴォの村人に吸血鬼など戯言だと説得することをわたしが躊躇(ちゅうちょ)したのは、上記ミロシュの口から大量の血がたえず流れ出ていたからである。歯も鼻孔も血に染まっていた。ミロシュはほぼ裸の状態で埋葬されたのだが、遺体の下に敷かれた樹皮には血がにじみ、墓穴底部の土も同様であった」

はじめは懐疑的だったこの軍医も大いに動揺し、治安を保つため、村人の希望をかなえることにやむなく同意した。「ラドエヴォの村人たちがぜひとも、と言いつのるので、墓をふたたび閉じる前に、心臓をつらぬくように遺体に杭を打ちつけるよう命令をくださざるをえなかった。村人たちはこれだけで満足せず、本官が去ったあとに遺体を焼却するつもりであることがわかったので、生石灰で遺体をすっぽりとおおうように処置させた」

映画業界のおかげで、われわれには十分な知識がある。吸血鬼の息の根を止める方法は一つしかない、それは心臓に杭を打ちこむことだ。われわれはまた、十字架をかざすと吸血鬼は寄ってこないこと、吸血鬼がニンニク嫌いであることも知っている。現在のトランシルヴァニアでは、数珠のようにつらなったニンニクが窓につり下げられているのは、めずらしくもない光景である…

†

血。それが鍵だ。人類は、生命について思索をめぐらすほど知能が発達すると、動物や人間を殺すと血が流れることを認識した。血とともに、命が体から流れ去ることも。

以上から、「接触や吸引によって生血(いきち)を自分の一部とすることで、生命力をとりこむことができる」[2]と考えるようになったのはむりもないことだ。生き物の血を飲めば、生命力を奪って自分のものにすることができるのではないだろうか？　蝙蝠(こうもり)を筆頭とする一部の哺乳類は、栄養をとるためにほかの哺乳類の血を吸う。人間はそのようすを観察した。吸血鬼伝説はこうして誕生した。

東欧で吸血鬼伝説がさかんになったのはおそらく、住民が正教徒であったからであろう。ルーマニア出身の歴史研究者ラドゥ・フロレスクは、東方正教会の典礼に従うと、「神から呪われた死者の体は大地に受け入れてもらえず、分解しない。破門された者の死体は腐敗することなく、生前のままにとどまる」と指摘している。言い伝えによると、不幸にも神に受け入れられぬ者は、生きているとも死んでいるともいえない状態にとめ置かれる。そして、太陽が沈むと墓から出てきて一晩中さまよい、赦(ゆる)しを得るまでほんとうの死に到達することができない。

自著『ドラキュラ』の舞台としてトランシルヴァニアを選ぶに先立ち、ブラム・ストーカーはブダペスト大学教授であったヴァーンベーリ・アールミン［ハンガリー人であるのでヴァーンベーリが苗字］からトランシルヴァニアの風俗習慣について十分な情報を得ていた。ドラキュラが歴史上の人物として実在したことをストーカーが知ったのも、ヴァーンベーリをとおしてであった。ストーカーが時代背景を一九世紀に設定した主人公には、同じくドラキュラを名のる先人がいたのだ。ブラム・ストーカーは、自分が描く吸血鬼、すなわち居住する城を去ってイギリスに渡り、吸血鬼の世界帝国を築くことをもくろむドラキュラは、本物のドラキュラの生まれ変わりであることを隠していない。

小説のなかで、人の生き血で渇きを癒やそうとするドラキュラの息の根を止めることになるヴァン・ヘルシングは、自分が打ち負かそうとする吸血鬼は一五世紀に実在した君主の生まれかわりであることを理解する。

「すべての原資料を勘案すると、彼はかつてドラキュラ公であったと思われる。トルコ［オスマン帝国］との国境であった大河の畔で、さらにはトルコの領土にふみこんでも、トルコ人と戦ったことで異名を得た人物だ。それというのも、ドラキュラ公は常人とは違っていたのだ。彼が生きた時代、およびその後の何百年において、ドラキュラ公は「森の向こうにある土地［トランシルヴァニア］」に生まれた男子のうちでだれよりも頭がよく、だれよりも狡猾、だれよりも勇敢、との評判をとっていたからだ。彼の墓には、そうしたすぐれた頭脳と鉄の意志がもちこまれた。そして彼はいま、この二つを使ってわたしたちに害をなしている。アルミニウス［ヴァーンベーリ・アールミン］によると、ドラキュラ家は偉大で高貴な一族であった。ただし、同時代の人々の話によると、その子孫の何人かは悪魔と交流していた。彼らは、山中のヘルマンシュタット湖にあるショロマンツァ［悪魔が運営する黒魔術学校］で悪魔の秘術を学んだ。悪魔が見返りとして成績が一〇番目の生徒を要求する、という学校だ［一度に受け入れる生徒の数は一〇人かぎり、と伝えられる］。古文書には、Stregoïac（魔法使い）、Ordog（悪魔）、Polok（地獄）といった言葉があり、ドラキュラはwampyr（吸血鬼）だ、との記述もある」

ヴァーンベーリ・アールミンは、実在したドラキュラに通じる道をストーカーにさししめしたのだ。ストーカーはこの道をひたすらたどることになる。

†

ロシア・東欧史研究者でホラー映画のファンでもあったアメリカ人、レイモンド・マクナリーは、ストーカーが自著の舞台としてトランシルヴァニアを選んだことに注目した。ほぼすべての映画監督も、トランシルヴァニアを物語の枠組みとして採用した。千年近くハンガリー領であったトランシルヴァニアは今日、ルーマニアの一部である。ストーカーは、クルジュやビストリツァといった町の名前をあげ、ボルゴ峠［ルーマニア語ではティフツァ峠］に言及し、ドラキュラの城がそびえる一帯を詳しく描写すらしている。ある日のこと、マクナリーは考えた。「舞台となった場所が実存するのであれば、主人公についても同じことがいえるのではないだろうか？」

マクナリーはボストンカレッジで教鞭をとっていた。同僚の一人であったルーマニア出身のラドゥ・フロレスク教授は、ドラキュラの実存を肯定し、ルーマニアを訪ねてこの歴史上の人物について調べたらどうか、と勧めた。

「わたしは、この勧めに従った。すると、一五世紀にワラキア公国を治めていた君主の思い出を語り継ぐ民間伝承の存在を知った。この君主は、小説によって創造され、映画でおなじみになった吸血鬼と同じくらいにおそろしい人物だった。彼の残忍性はすさまじいものだったので、本人の存命中に生まれたホラーストーリーによって、死後も彼のおぞましい悪評は生きつづけた。現在にいたるまで、代々の祖母たちは、お利口にしていないとドラキュラにさらわれるよ、と言って孫をおどしてきた[3]」

数名のルーマニア人歴史研究家とともに、マクナリーは本物のドラキュラが暮らした場所をつきとめる旅をはじめた。とくに重視していたのはドラキュラの城を発見することだった。一九六九年秋のある日、マクナリーはついに目的を果たすことになる。

城はオスマン勢に破壊され、山中の森のなかに残っているのは廃墟だけだった。だが、当地の農民にいわせると、これはまちがいなくヴラド・ツェペシュ公——ツェペシュは、ヴラド公が敵をかたづける手法として採用していた嘆かわしい手法、すなわち「串刺し」を意味する——が築いた城の跡だ。

マクナリーは語る。「ヴラドとドラキュラは同一人物だ。だが、当地の農民たちはドラキュラの名を知らなかった。ストーカーが創造した吸血鬼にいたっては、まったくもって無名であった」

この一五世紀の人物と、四〇〇年後に想像力豊かな小説家がよみがえらせたドラキュラとのあいだに、共通点はあるのだろうか?

†

ルーマニアのシギショアラ——かつてはシェースブルクとドイツ名でよばれていた——にある、築五〇〇年を超える重厚な館。歴史上のドラキュラは、一四三一年にここで生まれた。

当地特有の明るい色彩のファサードをもつこの建物の前に立つと、さまざまな空想をめぐらしたくなる。赤児の祖父は、オスマン皇帝バヤズィト一世［第四代皇帝］の軍勢を一三九四年に敗退させた偉業により「偉大なるミルチャ」とよばれ、一三九七年と一四〇〇年にもオスマン軍をしりぞけたワラキア公ミルチャ一世[4]であった。

ドラキュラが生まれた年、父親であるヴラドの異母兄にあたるアレクサンドルが同じ一族のライバルから公位を奪って即位した。権力簒奪(さんだつ)と殺人が競うように起きていた時代と土地柄を考えると、このような事態は日常茶飯事であった。

神聖ローマ帝国の自由都市ニュルンベルクで、のちに皇帝として戴冠するルクセンブルク家のジギスムントに仕えたヴラドも、ワラキアの名門子弟のだれもと同じように、故国の公位を狙っていた。ジギスムントは、大志をいだくヴラドの背中を押してくれた。

ジギスムントは厚意の証(あか)しとして、ヴラドにドラゴン騎士団への入団を許し、同時にアムラシュ・ファガラシュ公の称号をあたえた［アムラシュもファガラシュもトランシルヴァニア内にあるワラキア公国の飛び地］。これ以降、ヴラドはドラクルを添え名とする。この添え名の起源について、歴史研究者たちの見解は一致していない。ドラゴン（Draco-Nis）をもじった言葉遊びである、という者もいれば、ヴラドが胸に悪魔（Drac）の絵姿を飾っていたので、これに対する皮肉なあてこすりだ、と主張する者もいる。[5]

異母兄アレクサンドルと比べると非力であったヴラドだが、ついには勝者となってアレクサンドルを追放し、一四三六年にワラキアの公位についた。

しかしワラキア統治は、人から羨望される点など一つもない仕事であった。北の隣国は、トランシルヴァニアを支配し、ワラキアに敵対的なハンガリーだ。南からは、オスマン帝国がすさまじい圧力をかけていた。どれほどすさまじかったかは、その頃のヨーロッパには、オスマン帝国のように一国だけで二〇万を超す兵力を動員できる国はひとつもなかった事実で明らかだ。

兄と弟が対立する苛烈な内戦を抜け出したばかりのワラキアは、この二つの脅威にどのように対処するのか。数度にわたって、ヴラド・ドラクルはオスマンと干戈（かんか）を交（まじ）えた。彼は、一時的に勝利をおさめても、最終的な決着――いつの日かスルタンが勝者になるのは目に見えている――を先延ばししているにすぎない、と感じた。スルタンとの友好関係構築に努めるべきではないだろうか？

一四三七年、ヴラド・ドラクルはムラト二世［第六代皇帝］に会いに行った。ムラト二世は、セルビアとブルガリアの軍勢をたたきつぶしたばかりで、ギリシア侵攻を準備しているところだった。ヴラドは、これまでキリスト教徒の君侯がだれひとりとして受け入れようとしなかった策――スルタンとの同盟――にふみきった。これにもとづき、一四三八年にはムラト二世の同盟者としてトランシルヴァニアとの戦いに参加する。

ヴラドには三人の息子がいた。長男は、自身の父親にちなんでミルチャと名づけた。次男には、自分と同じヴラドを名のらせた。三男には、ラドゥという名をあたえた。二人のヴラドを区別するため、息子はヴラド・ドラキュラとよばれるようになる［ドラキュラは「ドラクルの息子」を意味する。ドラクリヤという発音が正しいようだが、この訳書では混乱を避けるために人口に膾炙しているドラキュラの呼称を採用する］。

ワラキアと組んで戦っていたオスマンはほどなくして、ヴラド・ドラクルがトランシルヴァニアに手加減していることに気づいた。濃い血縁関係と宗教の絆ゆえに、ヴラドはトランシルヴァニアへの愛着を断ちきれなかったのだ。スルタンにとって、これは容認できない事態であった。

一四四二年の夏、ムラト二世はドラクルをよびだした。なんの疑惑もいだくことなく、ヴラド・ドラクルは次男と三男（ヴラド・ドラキュラとラドゥ）をともなってドナウ川を越えた。スルタンの陣地に到着するやいなや、ヴラド・ドラクルは捕縛され、重い鎖につながれた。彼の命が風前の灯火（ともしび）であることは明白だった。ヴラドは必死になって弁明し、自分はスルタンにとってもっとも忠実な同盟者である、と訴えた。自分がいだいた疑念に確信がもてなくなったムラト二世はヴラドを解放することを認めたが、息子二人を人質として残すことを求めた（当時はヨーロッパでも、こうした人質のやりとりは広く行なわれていた）。ドラキュラとラドゥは小アジアのエーリゴズで厳重に監視されて暮らすことになった。

一〇歳そこそこの囚人。これが、歴史にはじめて登場したときのドラキュラのイメージである。

ヴラド・ドラクルはふたたび戦闘に戻った。ドラキュラとラドゥはスルタンの宮廷で成長した。当時のことを伝える年代記によると、ドラキュラはオスマンの若者と同じ教育を受けた。オスマン語が彼の母語となった。幼いころから、オスマンがビザンティン帝国からとりいれたきわめて自由で、ようするに多くは退廃的な風俗習慣を見聞きした。スルタンの宮廷では日常茶飯事であった処刑にも立ち会った。少年は命に価値を認めないことを学んだ。まずは自分自身の命は鴻毛よりも軽いと認識した。そして、当然のなりゆきとして、他人の命も軽視するようになった。オスマン側に残っている証言によると、このころのドラキュラは「時間がたつにつれて悪賢く、狡猾、反抗的、乱暴」になった。少年は、自分を捕虜の身分に落とす罠が張られた状況がいかなるものだったかをたえず反芻した。残忍性を別として、やがてドラキュラの性格のなかで優勢となる二つの特徴は勇猛と不信感であった。彼は自分にくわえられた侮辱を決して忘れない人間となる。ヴラド・ドラクルと二人の息子が落ちた罠をお膳立てした人物は一八年後、ドラキュラにとらえられ、残忍な拷問を受けてから処刑される。

青年となったドラキュラはある日のこと、ヴラド・ドラクルとのあいだに確執をかかえていたハンガリー摂政のフニャディ・ヤーノシュがワラキアに侵攻し、ドラクルが長男のミルチャともども殺されたことを知った。フニャディの推挽により、ヴラド・ドラクルを始祖とするドラクレシュティ家とはライバル関係にあるダネシュティ家のヴラディスラフ二世がワラキアの公位についた（一四四七年）。

悔しさに身もだえしていたドラキュラにチャンスが訪れた。オスマン帝国は手懐けたと思ったドラキュラを使ってワラキアを支配しようと考え、わずかな軍勢をあたえてドラキュラをワラキアに送りこんだ。簒奪者であるヴラディスラフ二世が不正に手に入れた公位を奪い返す決意を固めたドラキュラであったが、支持者もいなければ、兵力も資金も欠いていた。母方のおじであるボグダンが治めるモルダヴィア公国に逃げこむほかなかった。

一四五六年、あっと驚くような展開となった。ヴラド・ドラキュラはハンガリー摂政のフニャディ・ヤーノシュと手を結んだのだ。父親と兄を殺させたのはフニャディであることをドラキュラは忘れたのであろうか？　いや、少しも忘れていなかった。だが、いまの時点で肝心なのは公位を手に入れることだ、と判断したのだ。重要なのは結果であり、手段は問わない！

くわえて、フニャディがキリスト教徒の英雄の理想像を体現していることは認めざるをえなかった。フニャディはオスマン帝国との戦いに人生をついやしてきたし、多くの戦いで勝者となっていた。一四五三年にオスマンがコンスタンティノープルを奪取した以上、肉親を殺された恨み辛みに拘泥するのは無用だ。それよりもなによりもオスマンの脅威がいちばんの問題だ。これ以降、フニャディと組んだドラキュラの獅子奮迅ぶりはだれもが知るところとなる。ドラキュラ本人も、戦い方を学ぶうえでフニャディを凌駕する師はいないことを知っていた。

こうしたドラキュラの「計算」は吉と出た。フニャディは感謝の印として、ヴラド・ドラクルの封土であったアムラシュ・ファガラシュ公領を彼にあたえた。こうして力を得たドラキュラはヴラディスラフ二世を排除してワラキア公位を手に入れるにいたった。

同年［一四五六年］、オスマン帝国のメフメト二世が三〇万人の軍隊をひきつれてベオグラードに向かって進軍していると知ったフニャディ・ヤーノシュは、キリスト教徒の全軍勢に結集をよびかけ、不倶戴天の敵に立ち向かった。ドラキュラはフニャディのすぐそばで馬を走らせた。結果は？　オスマン軍の敗退であった。

不幸なことに、直後にペストが偉大なフニャディの命を奪う。無念きわまりない。ドラキュラの生涯のもっとも美しいページはこうして閉じられた。

†

いまやワラキアの君主ヴラド三世となったドラキュラは、この地位に長くとどまるつもりだった。手に入れたばかりの権力を脅かす危険をもたらすのは主として自国の貴族たち、とくに、スラヴ諸国でボヤールとよばれる大貴族たちである、とドラキュラは承知していた。彼は自分の即位という慶事にふさわしい祝賀行事を催すと決め、ボヤールたちを首都のタルゴヴィシュテに招待した。華々しい祝祭が催され、珍味が食卓にならび、最上の葡萄酒がふんだんにふるまわれる大宴会でもてなす、との予告があった。この話に大喜びしたボヤールたちは首都へと向かった。

君主は、到着した五〇〇人もの客人たちを出迎え、おおげさなくらいに親愛の情を表明した。全員がたらふく食べ、通常では考えられぬほどの量の酒をあおった。

食事が終わりとなると、ドラキュラは満腹の陪食者たちに近よった。そして、なにげない口調でたずねた。

「おのおの方は、これまでの生涯において何人の君主の治世を経験したのかな？」

皆は数を競った。仕えたワラキア公国君主の数がいちばん多い者が勝者であるかのように。ドラキュラは、もっとも年下のボヤールであっても五人のワラキア公に忠誠を誓った、と理解した。五人のうちには、簒奪者もふくまれることは明らかだ。これまで愛想がよかったドラキュラの表情が突然変わった。彼が命令をくだすと、兵士たちがボヤールたちに飛びかかり、捕縛した。全員が死なねばならない。

だが、ボヤールたちはひ弱で繊細な連中ではなかった。全員が百戦錬磨の戦士であり、死を怖がることはなかった。自分たちは絞首刑になるのだろうか？　斬首されるのか？　彼らは、おそれよりも好奇心で満たされて答えを待った。

すると、彼らのまわりに先端を鋭利にとがらせた長い杭が林立した。ボヤールたちは理解した。自分たちは串刺しにされるのだ、と。もっとも勇猛な人間でも耐えしのぶことができない残虐な刑だ。ドラキュラがスルタンの宮廷で使い方を学んだ杭は、ボヤール全員にとってこれ以上ない責め苦であった。彼らは抗弁し、許しを請い、絶望の叫び声を上げた。だがドラキュラは聞く耳をもたなかった。ほどなくして、ボヤールたちは杭の上に座らされた。杭は内臓にくいこみ、体を引き裂き、腰もしくは胸からつき出た。ただし、全員が尻から杭を差しこまれたわけではなかった。ドラキュラはこった演出を好んだ。口から差しこまれる者もいれば、杭がたんに体の一個所から入って反対側に抜ける場合もあった。死刑執行人たちは、ドラキュラ公に喜んでもらうためには、長い苦しみをへたのちに死が訪れるように工夫する必要がある、とわかっていた。

ドラキュラはこの時点で、自分のイメージを歴史にきざみこんだ。人々は彼をヴラド串刺し公とよぶことになる。串刺しは彼の代名詞となる。彼はこの刑を敵のみならず、友人にも適用することになる。

串刺しにされた人間が何千もならぶ光景を眺めることが、彼にとってなによりの喜びだった、と伝えられる。そして、彼はこの喜びをしばしば味わうことになる。

†

ボヤールたちの不穏な動きが自分にあたえていた危険をとりのぞいたドラキュラにとって、残る問題はザクセン人の商人たちだった。ハンガリーの代々の王のよびかけに応じてトランシルヴァニア南部に定住したものの、彼らは地元に溶けこむことがなく、「異邦人」でありつづけた。ヴラディスラフ公の時代、彼らは途方もない通商上の特権を取得した。ドラキュラは、こうした先例をひき続き認めるような人間ではなかった。そこで、彼は再交渉を試みた。ザクセン人たちは、新たな規則を受諾する用意があると見せかけながら、こっそりと傭兵をつのって軍勢を整えたうえ、一四五七年に、ヴラド・ドラキュラにとっては腹違いの弟――父ヴラド・ドラクルがもうけた婚外子――である同名のヴラドをけしかけて、ドラキュラ打倒に立ち上がらせた。ドラキュラはこれを難なく打ち破り、排除した。その後、ドラキュラは、ザクセン人が商売できるのは国境付近の三個所で開催される市のみ、と決めて、ほかの市から閉め出した。ヴラドはこの決まりが守られていない、と知ると怒りを爆発させた。決まりにそむいたと認定された商人は全員逮捕され、当然のことながら串刺しにされた。

　しかしザクセン人たちはあきらめようとしなかった。彼らは新たなライバルを押し立ててドラキュラに対抗させようとした。今回、彼らが選んだのは、ヴラド・ドラキュラに打ち倒されたヴラディスラフ二世の息子ダン三世であった。だがダン三世は非力であり、ドラキュラに捕らえられると、自分で自分の墓穴を掘ることを強制されてから斬首された。

　ドラキュラは、これまで自分は広大無辺な忍耐心を示してきた、と考えた。彼に串刺しにされた者たちは同意しないだろうが、本人は心からそう信じていた。だが、いよいよ復讐のときが訪れた。彼はザクセン人の都市、大小の村、自分の敵や商人やボヤールが逃げこんだ城塞を執拗に攻めた。軍隊を引きつれていった先々で、ドラキュラは焼きはらい、掠奪し、殺した。一四五九年四月二日、ブラショヴ近くの丘で起きた大虐殺は語るのもおそろしい記憶として年代記が伝えている。このとき、ドラキュラは何千人もの捕虜を殺させた。

この事件は大きな恐怖をあたえ、これを報じる攻撃文書はいくつもの言語に翻訳された。さしはさまれている木版画は、現代のわれわれも戦慄をおぼえるようなシーンを描いている。断末魔の苦しみを味わっている人々をつき刺した杭が林立する前で、野外での食事の席についてごちそうを楽しんでいるドラキュラの図である。ドラキュラの食卓の近くまでつれてこられ、彼の目の前で切りきざまれる捕虜もいた。

ドラキュラは大いに「寛大なところ」を見せ、一定数のボヤールについては命を助け、この宴席に招いた。時間がたつにつれ、死骸の異臭があたりにただようようになった。ボヤールの一人は、耐えきれなくなって鼻をつまんだ。見るからに上機嫌なドラキュラは、カラカラと笑って大声で次のように述べた。

「ボヤールよ、そなたは繊細な嗅覚の持ち主だな！　者ども、こやつを引っ捕らえて串刺しにせよ。だが、こやつの杭が一段と高くそびえるようにしてやれ。他人の悪臭で気分が悪くなることなく断末魔を迎えられるようにしてやらんとな！」

またしてもオスマンの脅威がせまってきた。遠くないと思われる侵略にそなえるため、ヴラド・ドラキュラは防御態勢を整えようと考えた。だが処刑をまぬがれたボヤールたちは性懲（しょうこ）りもなく、またもや策動をはじめた。なかでも目についていたのは、大アルブとよばれる人物であった。ドラキュラはアルブ本人のみならず一族全員を逮捕させ、串刺しにした。ある歴史研究者は「これは、ルーマニアの規律を欠いた封建制度にとっておそろしい一撃であった」と記している。

この意見には賛成するしかない。

　ドラキュラは同時に、ワラキア公国に巣くうすべての泥棒、盗賊、乞食を逮捕するよう命じた。彼らを投獄するのは費用のむだだ。串刺しのほうが経済的、ということになった。

　現代のわれわれにとって驚きなのは、オスマン帝国が示した態度である。オスマンはヴラド・ドラキュラに対して根拠薄弱な幻想をいだいていたようだ。一四五九年、オスマン帝国はドラキュラのもとに外交団を派遣さえしている。大使たち一行の任務は、年貢のとりたてと、イェニチェリ［オスマンの常備歩兵部隊］に組みこむための少年の徴用であった。タルゴヴィシュテの宮殿に迎えられた一行は、オスマンの伝統にのっとりターバンを巻いていた。ヴラドはすでに、スルタンがなにを要求しているかを承知していた。彼が突然爆発させたすさまじい怒りは、演技だったのだろうか？

「いったいなんの権利があって、貴公たちはわたしの前で脱帽しないのか！」

大使らは、オスマンの慣習により、ターバンをとることは禁じられています、と丁重に説明した。ドラキュラの怒りは鎮まった。こうした伝統の尊重に敬意を表しているようであり、温情にあふれた口調で語りかけた。

「なるほど、すばらしい慣習だ。あなた方のターバンが頭からずり落ちることがないように、必要な措置をとって進ぜよう」

　少ししてから、釘と金槌を手にした男たちが登場した。歓喜に堪えないようすのドラキュラが見守るなか、男たちは大使たちの頭にターバンを釘づけした！

†

いまや、オスマン帝国がドラキュラの意向を誤解することは不可能となった。そこで、ヴラド・ドラキュラを罠に誘いこむことを決め、ドナウ川畔のジュルジュでの会見を申し入れた。ヴラドは受諾した。だが、彼はなにひとつ忘れていなかった。とくに、交渉と称して父をおとしいれた罠のことを。

ヴラドは、見たところ武張（ぶば）ったところなど少しもない随行員を大勢ひきつれてオスマンの陣地に姿を現わした。ヴラドが予想していたとおりのことが起こった。オスマン兵が雲霞（うんか）のごとくおしよせて、ヴラドに襲いかかった。彼らはヴラドを捕虜とするつもりだった。そうは問屋が卸さなかった。あっというまにヴラドの随行員は勇猛な特殊部隊へと変身した。いくつものサーベルがふり下ろされ、オスマン人の頭部が転がった。待ち伏せしていたオスマン人全員を殺したヴラドは勢いにのって、ジュルジュの町を襲撃し、掠奪した。

この勝利はたいへんな反響をよんで、あちらこちらから援軍が駆けつけた。一四六二年の冬、ヴラドはオスマン帝国の国境付近を荒らしまわった。このときの戦果については、詳細な記録が残っている。オスマン人二万三八〇九名が殺された、といわれる。しかも、頭部が見つからなかったので勘定に入れなかった死者が八八四名いた、とのことだ。オスマン皇帝メフメト二世は、このような侮辱を看過できるような人物でなかった。スルタンは同じ一四六二年、二五万人という当時としてはきわめて大規模な軍勢を整え、ワラキアへと進軍をはじめた。

ヴラド・ドラキュラの兵力はたった四万人だった。ゆえに、会戦でオスマン軍を破ることは不可能だとわかっていた。選択肢はただひとつ、焦土作戦を実施しつつ、オスマン軍に執拗なゲリラ攻撃を仕かけることだった。

オスマン軍の前衛は五月二〇日から二五日のあいだにドナウ川を渡った。ヴラドは自軍をひきつれて迎え撃った。三万人のオスマン兵のうち、逃げ出すことができたのは一〇〇〇人足らずだった。次にオスマンの主力部隊が到着したが、行く先々で目にしたのは、食糧も家畜ももちさられ、焼きはらわれた村々であった。小麦粉一袋を入手することもかなわなかった。オスマン軍は空きっ腹をかかえて進軍した。しかも、少人数のワラキア兵がたえず出現し、たまたま出くわしたオスマン兵を殺しては姿を消した。ヴラド・ドラキュラは大胆にも、数名の部下をひきつれて夜中にオスマン軍野営地にしのびこみ、メフメト二世の命を狙った。暗闇がスルタンに加勢した。ヴラドに襲われたのは、メフメト二世の顧問の一人であった。

それでもメフメト二世はタルゴヴィシュテにたどり着いた。スルタンは、この町で一息つけると考えていた。兵士たちは休息し、腹いっぱい食べることができるにちがいない。だが、オスマン軍を待っていたのは、前代未聞の光景であった。「城市には、これまで通りすぎたすべての地方と同じく、人っ子一人おらず、食糧は皆無だった。城壁の扉は大きく開かれていた。城内では、すべての通り、すべての建物の前に杭がならんでいた。文字どおり、杭の森であった。そして、どの杭の上にもオスマン人の頭部があった。いちばん高い杭の上には、スルタンの親しい友人で顧問でもあるハムザの頭が刺さっていた[6]」

血なまぐさいコンスタンティノープル攻略の際に示したように、どのような残虐行為にも平然としていることで有名なメフメト二世であったが、この光景には吐き気をもよおした。城内には、二万もの串刺しにされた死体があった。年代記作者のシャルココンディリスによると、このような人物が治める国を奪取することは不可能だ、とスルタンは述べた。「そして、彼の軍隊はおそれおののいた」

弱り目に祟り目、ペストが流行しだした。絶望したメフメト二世は退却を命じるほかなかった。ヴラドはこの動きを前もって読んでいた。逃げるように退却するオスマン兵たちは、かっこうの餌食だった。オスマン領内に戻るまで、彼らは無慈悲なワラキア兵の襲撃に悩まされた。スルタンも恐怖をおぼえ、自軍を見すて、四〇〇〇人の騎兵をひきつれて逃げ出した。

メフメト二世は以前より、ヴラドの弟のラドゥを自軍に同行させていた。ラドゥは美男公という異名でわかるように、眉目秀麗であり、スルタンの寵（ちょう）を受けていた。メフメト二世はこのラドゥこそが自分の手に残った最後の切り札だと思った。そこでラドゥに、ワラキアに残り、ボヤールたちに働きかけて実の兄に対する反乱を起こさせる、という任務をあたえた。だが、まだ生き残っているボヤールなどいるのだろうか？

意外なことにラドゥは、ヴラド・ドラキュラの残忍性に反発する数多い不満分子のうちに同調者を見つけることができた。また、モルダヴィアを反ヴラドに立ち上がらせることにも成功した。内外の敵に囲まれたヴラドはトランシルヴァニアにのがれた。ハンガリー王のマーチャーシュ[フニャディ・ヤーノシュの息子]が支援を約束してくれた。しかし、約束はいっこうに実行されなかった。それもそのはず、ザクセン人の商人たち――またあの連中である!――がマーチャーシュ王に、ヴラドが書いたと主張してにせの手紙を見せたのだ。そこには、スルタンに忠誠を誓う、と書かれていた。マーチャーシュは、面倒な隣人であるヴラドがよけいなことをしでかすのを阻止するためのよい口実だとばかりに、このにせの手紙に飛びついたようだ。マーチャーシュはドラキュラを自分のもとに招いた。ハンガリー王の城に足をふみいれるやいなや、ドラキュラは拘束され、まずはブダペストに、つぎに五〇キロ離れたヴィシェグラード城に移送され、一二年間も捕囚の身としてすごすことになる。

いつ終わるともしれぬ拘束に、ドラキュラは文字どおり怒り狂ったにちがいない。血気さかんなワラキア公の視界は鉄格子でさえぎられていたのだから。日に日に、誇り高いドラキュラは屈辱に蝕(むしば)まれた。

またしても、小説のような出来事――ありえないような話だ!――が歴史の扉を叩いた。

これは武勲詩に出てくるようなエピソードであり、真偽のほどは確かでないが、ドラキュラが閉じこめられていた城には、マーチャーシュ王の娘である姫君が住んでいた。乙女は囚われ人のもとを訪ね、彼を憎からず思った。ヴラドのほうは、彼女の姿を目にするやいなや、うっとりとした。彼は大胆にも彼女に結婚を申しこんだ。娘が恋に身を焦がしてやつれているのを見たマーチャーシュ王は結婚を許した。娘婿を牢獄に閉じこめておくわけにはゆかない。解放されたドラキュラは新婚の妻とともに、ブダの正面にある小さな町、ペストの城で暮らすことになる［実際のところ、ヴラド三世ドラキュラ公と結婚したのはマーチャーシュの妹もしくは親族、といわれている］。

オスマンとの戦いが再開すると、マーチャーシュ王はヴラド・ドラキュラの武将としての才能を軽視することができなくなった。ヴラド・ドラキュラは、ある部隊の司令をまかされ、定評を裏切ることなく、シャバツの町を襲撃して一四七六年二月一六日に陥落させた。敗者に対する情けなど無用だ。ヴラドは串刺しで「オスマン人の森」をつくった。

串刺し愛用という点でヴラドは少しも変わっていなかったが、改善はもたらした。先が丸まった杭や槍を使うようになったのだ。瀕死の苦しみを短縮しかねない穴を体内にあけるのを避けるためだ。

ヴラドは串刺しを政治手段として重視していた。城市をとり囲む丘に串刺しの杭を立てるように処刑人たちには命じたのは、気まぐれでもなんでもなかった。城内に残っている者たちを恐怖で金縛りにすることをもくろんだのだ。彼はたえず、くりかえしくりかえし命じた。串刺しの杭は環状にならべよ！　君主や名士はいちばん高い杭の上で絶命せねばならない！

ヴラドは串刺しだけで満足していたと思われがちだが、それはまちがいだ。斬首、絞首、火刑、釜茹(かまゆ)でも実践していた。手足、鼻、耳を斬り落とすことも、眼球をえぐることも、宮刑も、死んだウサギの皮をはぐように敵の生皮をはぐこともやってのけた。

ヴラドは、自分を目の前にして命の危険を感じている者たちの心理をもてあそんだ、といわれる。これを伝えるエピソード——真偽のほどは定かでないが——は数多い。一つ例をあげてみよう。マーチャーシュ王の特使であるベネディクトという名のポーランド人貴族が、ヴラドの食卓に招かれた。食事が終わると、従者たちが一本の杭を運びこんだ。全体が金箔でおおわれている、といういっぷう変わった杭であった。ようするに、高級な杭である。これが、賓客ベネディクトの真ん前にそびえ立った。ベネディクトの心は波立ちはじめた。ドラキュラは陰険にも、客人の不安が高まるのを眺め、次のように問いかけた。

「なぜ、わたしがこの杭をここに立たせたのか、おわかりかな?」

ベネディクトはおちついた声で答えた。

「閣下、もちろん知っております。閣下の臣下の一人である、察するところ、非常に身分の高いボヤールが閣下に非礼を働いたので、その者の身分にふさわしい形で罰をあたえようとお考えになっているでは、と」

ドラキュラは感心したように叫んだ。

「ご明察! 貴殿は、強大な国王の代理としてここにおられる。ゆえに、その肩書きにふさわしい名誉を受ける権利がある」

「名誉を受ける」がなにを意味しているのかは明々白々であった。ベネディクトは、自分がすぐさま串刺しにされるのだ、と悟ったが、冷静を保った。じたばたすることなく、次のようにコメントするだけであった。

「もしわたしがなんらかの言動で閣下の怒りをかったとしたら、御意のままにご意向を実行なさいますように。閣下は絶対であられますから。神も人も、殺人の罪があると閣下を責めることはありますまい。わたしの血の重みはわたしの上だけにのしかかることになります。自分がまいた種のようですから」

ドラキュラは当惑したようすで、わずかなあいだ客人を見つめた。次にカラカラと笑い出した。

「いやはやベネディクト殿、ドラキュラの名誉にかけて申し上げるが、貴殿がいまのように言葉をあやつらなかったとしたら、余はたちどころに貴殿を串刺しにするところでしたよ！」

†

ドラキュラの頭を占める願いはただ一つ、ワラキアの公位奪還であった。いよいよワラキアに向けて進軍すると、どのような障碍も彼を止めることができなかった。

一四七六年、ヴラドはタルゴヴィシュテに帰還し、ついこのあいだまで簒奪者に服従していた人々に歓呼の声で迎えられた。ヴラドは、自分の宮殿とボヤールたちの城館――いずれも要塞化され、巨大な扉をそなえていた――を久しぶりに目にして喜んだ。ワラキアの首都でキリスト教がいかに重要な意味をもっているかを雄弁に語るドーム、葱花形屋根、鐘、教会、礼拝堂、修道院のたたずまいはヴラドの心を打った。ある旅人はこのころのタルゴヴィシュテを「きらびやかな装飾と花に満ちた巨大な家」にたとえている。ヴラド自身がどのような外見であったかを知るには、ローマ教皇ピウス二世に提出された報告書を引用しなければならない。「背はさほど高くないが、肉づきがよくて壮健、残酷でおそろしげな雰囲気だ。鼻筋は通っていて、鼻孔はふくらみ、顔は痩せていて赤味がかっており、かっと見開いた大きな目の瞳は緑色で、黒くふさふさとした眉毛が影を落としているせいで陰険に見える。頬と顎はきれいに剃っていて、口髭をたくわえている。こめかみのあたりがふくらんでいるので頭は大きく、これを支えている首は雄牛のそれのように太く、黒い巻き毛の長い髪が首を隠して広い肩まで伸びている」

現在、ヴラドの宮殿をしのぶものとしては廃墟しか残っていない。しかし、残存している地下階を探索すると、ここでうめき声を上げていた捕囚や、拷問を受けていた者たちの姿を想像せずにはいられない。

故国に戻ったヴラドであったが、自分の置かれている立場があやういことを見ぬけないようなまぬけではなかった。マーチャーシュ王は、ヴラドのカトリックへの改宗を、娘との結婚を認めるための絶対的条件とした。ゆえに、正教徒であるワラキア国民はいまや、ヴラドをペスト患者さながらに敬遠していた。また、自分がさんざん迫害したボヤールたちが自分を死ぬほど恨んでいることも、ザクセン人の商人たちが自分の息の根を止めてやると心に誓っていることもヴラドは知っていた。同族だがライバルであるダネシュティ家も、公位に返り咲くためならなんでもする気でいた。オスマン帝国はふたたび、ヴラドの実弟であるラドゥを押し立てて謀反を起こさせようとしていた。

これまでの流儀を守り、ヴラドは一人で大勢の敵に立ち向かった。そして、オスマン軍を討とうと進軍をはじめた。ブカレストから遠くない地点で両軍はぶつかり、ヴラドは勇猛に戦った。ルーマニアの伝承によると、戦闘の進展を把握しようと、ヴラド・ドラキュラはすぐ近くにある丘に登った。オスマン兵に気づかれぬよう――彼らにとってヴラドは第一の標的だった――、彼はオスマン風のマントを身につけ、ターバンをかぶっていた。

ところが、ほんの少しあと、ワラキア側の兵士のグループがヴラドの姿に気づいた。憎きオスマン兵がこんなところにいる！　ワラキア兵たちは、だれだと気づかぬままにヴラドに襲いかかり、一人が彼に槍をつき立てた。同じ言い伝えによると、ヴラドは重傷を負ったにもかかわらず獅子のように奮戦し、襲撃者のうちの五名を殺した。「しかし、多勢に無勢であった」

戦闘のあと、オスマン軍はヴラドの遺体を発見し、頭部を切り落としてイスタンブールに送った。この首は杭につき刺されて見世物にされた。

串刺し公の享年は四五であった。

†

レイモンド・マクナリーは長年の夢をかなえ、ドラキュラの城を訪れた。うらやましい。わたしも同行できたらどれほど嬉しかったことか。

マクナリーが足を踏みいれたのはタルゴヴィシュテの宮殿ではなく、ヴラドが山中に築かせた要塞である。この要害が存在したことは知られていたが、どこにあったのかについては、さまざまな伝承のあいだで意見は割れていた。研究者たちは、蓋然性が低い説を排除して検討した結果、アルジェシュ川の左岸、アーレフ村を眼下に望む山頂にあった、との結論に達した。

ヴラド・ドラキュラは、公位についてからすぐにこの要塞の建設にとりかかった。建築計画を思いどおりに進める手段として、彼は抑留と強制労働を思いついた。ボヤールたちを串刺しで始末したあと、彼らに仕えていた者たちやその家族を一網打尽にした。一行はまず、まるまる二日をかけて八〇キロの道のりを歩かされた。休息も食事もあたえられなかった。道中で、多くの女子どもが行き倒れとなって死んだ。目的地に生きてたどり着いた者たちは、すぐさま働かされた。ヴラドに見切りをつけられた古い城を解体し、その結果として生じた建築資材を、昔の城塞が残っていた現場に運ばなければならなかった。この地点は防衛上きわめつきの重要性をおびている、とわかっていたヴラド・ドラキュラは、以前の城塞の高さを積み増し、煉瓦で補強して壁の厚みを倍にする、と決めていた。オスマン軍の砲撃にびくともしない要害とするためだ。ヴラドはさらに、西ヨーロッパの要塞にならって四つの円塔をそなえさせることにした。「この計画は実現したが、多くの男、女、子どもの命が犠牲となった」

鬱蒼と茂る森のなか、くずれた壁が何面か残っていた。ヴラド・ドラキュラの旧跡として残ったのは、たったこれだけなのだろうか？

ワラキアの人々はその後も、歴史上まれに見る残虐な君主の一人であるヴラドのことを覚えていたが、彼を吸血鬼に仕立て上げようとはだれも考えなかったようだ。

それでは、串刺し公と吸血鬼のあいだにはなんのつながりもない？　早とちりは禁物だ。ヴラドが要害を建設した尖峰は、多くの動物の狩り場となった。巨大な翼をもつワラキア鷲が生息している。城跡では齧歯類が走りまわり、蛇が這っている。しかし、特記すべきは、年月によってすり減った石組みのただなかに蝙蝠（こうもり）が巣くっていることだ。レイモンド・マクナリーは「ルーマニアの蝙蝠は、南米の吸血蝙蝠ほどでなくとも、かなり大きい」と述べている。

ルーマニアでは蝙蝠は不幸の前兆とみなされ、蝙蝠にまつわる伝説は数多い。この地の農民は、蝙蝠は人を襲う、と主張する。彼らは、蝙蝠に重傷を負わされ発狂し、身近な人を襲ってかみついた者の例をあげる。こうした者は一週間以内に死ぬそうだ。

これこそ、歴史上の人物であるドラキュラと、ブラム・ストーカーのドラキュラを結ぶ鎖の輪ではないだろうか？　アルジェシュ川添いの城跡では今日でも夜になると蝙蝠が飛びまわっていて、わたしたちは吸血鬼伝説をすぐさま連想してしまう。

歴史と小説を混同してはならないのはあたりまえだ。とはいえ、ストーカーの作品は人々の心に浸透しきっているので、歴史研究者であってもついつい誘惑に駆られる。

ドラキュラの墓、すなわち修道僧たちが頭部を欠いた彼の遺体をこっそりと埋葬した墓が発見され、調査が行なわれた。しかし、墓のなかにあったのは人間ではなく牛の骨であった。

話はこれで終わらない。ドラキュラの作者、ブラム・ストーカーは一九一二年に亡くなるが、死因ははっきりしない。死亡証明書には「衰弱死」とのみ書かれている。吸血鬼に血を吸われた人と同じではないか。

〈原注〉

1 Pierre Gripari : *Pedigree du vampire* (1977).
2 Raymond McNally et Radu Florescu : *À la recherche de Dracula* (1972). レイモンド・T・マクナリー／ラドゥ・フロレスク『ドラキュラ伝説――吸血鬼のふるさとをたずねて』、矢野浩三郎訳、角川選書、一九七八年。
3 Raymond McNally et Radu Florescu、前掲書。
4 Adrien Cremene : *La Mythologie du vampire en Roumanie* (1981).
5 N. B. Stoisescu : *Vlad Tepes*.
6 Adrien Cremene、前掲書。

2 マンドラン（一七二五―一七五五）対ルイ一五世（一七一〇―一七七四）

鼻をつままれてもわからない闇夜。ある部屋の扉が強引に破られた。侵入者たちの顔は炭で黒くぬられるか、薄布で隠されていた。眠りをむさぼっていた二人の男――年嵩（としかさ）のほうは三〇歳くらいだった――は不意をつかれ、寝台の上で起き上がった。だが、それ以上の動きに出る余裕はなかった。襲撃者たちが飛びかかり、二人を押さえこみ、きつく縛り上げたからだ。

年嵩のほうがおちつきはらった声で言った。

「おまえたちはマンドランをしとめた、だがマンドランの後継者は捕っていない！」

これは、一七五五年六月の一〇日から一一日にかけての夜に起こった誘拐事件であった。拉致現場はサヴォワのロシュフォール＝タン＝ノヴァレーズ城だ。当時、サヴォワはフランス領ではなく、サヴォイア公国であった。顔を黒くぬった、もしくは隠していた男たちは盗賊に変装したフランス兵士であり、国境侵害という国際法違反を犯してようやくフランス史上もっとも有名な密売人をしとめたのだった。

この「勝利」は、敗北を認めたに等しかった。ルイ・マンドランをひっとらえるのに、フランス国王の軍は外国の主権を侵す無法者になるほかなかったのだ。変装などせずにフランス領内で追いまわしているかぎり、マンドランを捕まえることはできなかった。マンドランは、一年半のあいだ、ルイ一五世の鼻を明かしてやった、と胸を張ることができた。

サン＝テティエンヌ＝ド＝サン＝ジョワール空港［グルノーブル空港］は、シャルル＝ドゴール空港と比べれば見おとりすることは確かだ。だが、グルノーブル五輪（一九六八年冬季）のおかげで、無名の状態から脱することができた。

この空港に降り立つ旅人のうち、隣にある村に足を伸ばしてみよう、と思う者はまれだ。残念なことだ。サン＝テティエンヌ＝ド＝サン＝ジョワールは人口一二〇〇人の大きな村で、住民の大半は農民もしくはブルーカラーだ［二〇一七年の人口は三二〇〇人であり、現在は村ではなく町である］。この村に寄り道する価値があるのは、例によって入り口に市町村名を記したパネルがあるのだが、そこに「サン＝テティエンヌ＝ド＝サン＝ジョワール、マンドランの生まれ故郷」と書かれているからだ。無法者を輩出したことを堂々と表示する自治体はめったにお目にかかれるものではない。

マンドランの母親の生家はいまでも存在する。小さな広場に面した家だ。この広場は、フランス各地でみられるように、ヴィクトール・ユーゴー、ジャン・ジョレスもしくはドゴールといったフランス史に足跡を残した偉人の名前でよばれているのだろうか？　否だ。青いプレートに白字で「ルイ・マンドラン広場、フランスの密輸団首領」と記されている。

親切な村人なら、頼めば喜んであなたを「マンドランの洞窟」［マンドランがひそんでいた、とされる洞窟］に案内してくれる。村のパン屋では、マンドランのサントン［小さな彩色人形］が売られている。黒い帽子をかぶり、鉄砲をもち、ベルトにピストルをはさんだ人形だ。菓子店に入ったなら、店員はあなたに「マンドラン」とよばれるメレンゲ菓子を奨めてくれるだろう。

あなたが、この村の出身者のうちでいちばん有名な人物に関心がある、と打ち明けたら、「関心をもって当然ですよ。マンドランは、強きをくじき、弱きを助けてくれたのですから」と言ってあなたをほめてくれる村人がかならずいるだろう。

以上で、マンドランが現在、故郷でどのように思われているか、おわかりだろう。[1]　イエス・キリストでさえ「預言者は故郷では敬(うやま)われない」と言って嘆息したのに、マンドランの場合は違うようだ。人気にはもっともな理由がある、というのが通り相場だ。だが、不当にも人気を得ている例もある。ルイ・マンドランの場合ははたしてどちらなのだろう？

†

マンドランは、富豪ではないが歴史のあるブルジョワの家系に生まれた。一三七〇年には、ドローム地方にマンドラン家が存在していたことがわかっている。一四五〇年ごろ、マンドラン一族はプレザンにやってきて、次にブレシウーに落ちついた。われらが盗賊の曾祖父モイーズがブレシウーで商売を営んでいたところ、一六一七年にサン＝テティエンヌ＝ド＝サン＝ジョワールの裕福な地主であったおじの遺産を相続した。こうして、モイーズ・マンドランはこの村に腰をおちつけることになった。

ルイは一七二五年二月一一日にこの村で生まれた。父親のフランソワ・マンドランは小間物屋かつ金物屋で、小さな居酒屋も経営していた。ルイは一〇歳で「クレルジェロン」、すなわち聖歌隊の隊員となった。金髪に青い大きな目のルイは、「活発でおちつきがない」少年だった。ごくふつうの子ども時代をすごした？　いや、そうではなかった。なにしろ、母親が母親だった。一七四〇年、ルイは中世さながらの光景を特等席から眺めることになった。ルイには、神経を病んでいる、マリーという名の妹がいた。マンドラン夫人にいわせると、マリーはまちがいなく呪いをかけられていた。それだけでない、だれが呪いをかけたのかもわかっていた。同じ村に住む若い女ミシェル・ドロブリエは靴屋の女房だったが、魔女の娘だ、とささやかれていた。マルグリット・マンドランはまだるっこしい手続きをふむような女ではなかった。数人の村人とともに、気の毒なミシェルを拉致して自宅につれてきた。幼いマリーはミシェルを見たとたんにおそろしい悲鳴を上げた。疑問の余地はない。魔女の呪いだ！　憤怒で自制がきかなくなったマルグリットは、藁を積んで火を焚かねばならないと叫んだ。彼女の指図どおりにことが進んだ。人々はミシェルの服を引きはがし、彼女がいくら抗議してもしゃくり上げて泣いても、足で蹴って火のほうに追いこんだ。あわや、というところで、より冷静でまっとうな判断力がある村人によってミシェルは助けられた。

ルイが育った家庭環境がいかなるものであったかがおわかりいただけたろう。だが、ルイにもっと強い影響をあたえたと思われるのは、彼が幼年時代に耳にした大人たちの会話であった。農民も商人も、全員が徴税請負人のことでこぼしていた。当時の徴税制度は大きな不公正の元凶であった。中央集権の行政の仕組みが整備されていなかったため、王権は各地方の徴税を一人の人間、すなわち徴税請負人に委託していた。徴税請負人は、自分の権限下の納税者たちから徴収できるだろうとふんだ金額の合計をあらかじめ国王に納付する。その後、納税者たちがいくらしぼりとられるかは、徴税請負人しだいであった。国王に納付した額よりも多くを徴収すれば、差額は徴税請負人のものとなる。当然のこととして、徴税請負人は、納付した金額よりもずっと多い金額を納税者から徴収しようと全力を傾ける。ゆえに、徴税請負人の不人気はたいへんなものであった。

マンドランの時代、フランス全体で徴税請負人は四〇名いた。人々は徴税請負人について、あきれるほど富裕である、と噂したが、これは事実であった。相続報告書にもとづいて計算すると、マンドランの時代、徴税請負人の財産は平均で三七二万七五八リーヴルであった。[2]

徴税請負人たちの富裕ぶりはだれの目にも明らかだった。彼らは首都パリで最上級の館を所有し、オペラ座の女性歌手を囲ってぜいたくな暮らしをさせていた。世論にとって彼らは、不正な手法によって富を取得したカラバ侯爵のようなものであった［カラバ侯爵は、『長靴を履いた猫』の主人公の猫が自分の飼い主である貧しい粉挽きの三男を大金持ちに仕立て上げ、詐称させる称号。猫が人食い鬼をだまして退治したおかげで、飼い主は人食い鬼の巨万の富を手に入れる］。彼らは啓蒙時代の思想家たちから批判され、文壇から揶揄（やゆ）された。ある晩のこと、フェルネ［スイスとの国境に近い町］のヴォルテール邸で、客人が一人一話ずつ、泥棒の話をすることになった。さて、ヴォルテール本人はどのような話を披露したのだろうか？

「皆さん、昔々、あるところに一人の徴税請負人がおりました…おやおや、この話の続きを忘れてしまった！」という簡潔で皮肉な話であった。

住民から血税をしぼりとるため、徴税請負人たちは武装した手先を雇う必要があった。これらの手先は、「ガピアン」とよばれる私兵であった。ガピアンはもともと、上げ潮になっても最後まで残って、泥土や岩陰（いわかげ）のすみっこをつっついて獲物を探す海鳥をさす言葉であった。ルイ・マドラン少年は徴税請負人を成敗（せいばい）すべき敵、と認識するようになった[3]。

二〇歳となったマンドランはなかなかの美青年であった。均整のとれた体型、色白の肌、短く刈りこんだ金髪、輝かしい瞳、白い歯。くわえて、窪みのある顎、高い鼻、眉弓の下の奥深い目は、強い意思の持ち主であることを示していた。

ときとして、マンドランがもつエネルギーは暴力として突出した。彼は、他人から反駁されることをがまんできなかった。二一歳のとき、はじめての殺人を犯す寸前までいった。ある債権者が三〇〇リーヴルの支払いを求めたところ、マンドランに殴る蹴るの暴力をくわえられた。まわりの人間がマンドランをむりやり引きはがさなかったら、死んでいただろう。

翌年、軍がフランス南部で騾馬を貸借すると聞きかじった――おりしもオーストリア継承戦争のまっただなかであった――マンドランは多くの騾馬を購入し、山をくだってマントンへと向かった。往路で何頭もの騾馬を失ったあげく、目的地に到着すると、戦争は終結したと聞かされた。騾馬はもはや必要とされていなかった。マンドランは残りの騾馬を全頭つれて帰る羽目におちいった。その大部分が帰路で死んだ。サン＝テティエンヌ＝ド＝サン＝ジョワールに戻ったとき、騾馬の数は出発時の九七頭から一六頭にまで減っていた。ルイは一家を破産させた。

これを機に、若きマンドランの性格が変わり、粗暴で気むずかしくなった。野山をかけめぐり、悔しさを反芻した。そんなとき、弟のクロードとピエールがお尋ね者となった、と知らされた。彼らは二人の共犯者とともに、ある教会の献金箱を壊して金を盗んだのだ。四人は捕まり、有罪とされ、全員がガレー船漕ぎの終身刑を言い渡された。クロードとピエールは逃亡に成功し、お尋ね者となった。

ルイはすさまじい怒りを爆発させた。理不尽な怒りであった。当時、献金箱を壊すことは瀆聖行為であり、犯罪として罰せられたからだ。だがルイは、理性的な判断を受けつけなかった。彼にとって家族の絆はなによりも価値があった。ルイにいわせると、ほんとうの悪人は盗難を告発した二人の聖職者、ビエシ兄弟（被害にあった教会の司祭と助祭）であった。ルイは数人の仲間を集め、司祭の果樹園に侵入し、一二〇本の桑の木、一〇〇本ほどの葡萄の苗、一二本ほどの栗の木を切り倒した。この事件の後、マンドランとその仲間――すでに、ちょっとした強盗団という規模になっていた――は、この地方を荒らしまわりはじめた。当地の領主は、次のように記している。「［彼らが］口にするのは、殺してやる、焼きはらってやる、めちゃくちゃにしてやる、といった言葉ばかりである。彼らは、どうせ自分たちはもう終わりだと考え、自暴自棄となっている。だれもが彼らをおそれている。この地の住民たちは臆病なので、彼らを捕まえるようにうながすことは不可能だ。連中はいまでも、大胆きわまりない態度で毎日のように当地に出没している」

†

まちがいなく、マンドランは無法者となった。

それから数日後、民兵の招集があった。農民にとって、軍隊に入ることはおそろしい災厄であった。一七四八年の王令は、民兵の兵役期間は一〇年、と定めていた。一〇年！　だが徴兵された者はほぼだれも戻ってこないことを皆は経験上、知っていた。徴兵されるおそれがある者は逃げ出し、潜伏した。商人の息子であるピエール・ブリソーもこれにならい、山野に隠れた。

事をさらに重苦しいものとしたのは、徴兵を担当する下級下士官たちが、逃げ出した連中を見つけ出すのを手伝ってくれた者に兵役免除をあたえていたことだった。倫理的に大いに問題がある手法だったが、有効であった。こうした事情を背景に、ピエール・ルーという男が何人かの村人とともにブリソーの追跡をはじめた。ルイ・マンドランとその仲間が近くにいると知ったブリソーは彼らに助けを求めた。ルイ・マンドランはためらうことなく、助けに駆けつけた。

一方は、ピエール・ブリソーとその弟のブノワ（二三歳）、ルイ・マンドラン、「クール・トゥージュール」の異名をもつピエール・フルレ（二四歳）、そして通称「コキヨン」のアントワーヌ・ソゼ（四八歳）。他方は、ルー家の三人兄弟とトゥルニエとバロナという二人の村人からなる追っ手。二つのグループが対峙するやいなや、銃撃戦がはじまった。ジョゼフ・ルーは倒れて死んだ。その兄弟は重傷を負い、まもなく亡くなった。これを見て追っ手たちは退却した。マンドランの勝ちであったが、欠席裁判で殺人犯と認定され、殺人の「主犯」として車輪刑を言い渡された。その後に逮捕されたピエール・ブリソーはたんに民兵隊に送りこまれた。だが弟のブノワは捕まるやいなや絞首刑にされた。

グルノーブルの広場でブノワ・ブリソーが刑死した日、もう一人の死刑囚も絞首刑となった。ルイ・マンドランの弟、ピエールであった。教会の献金箱荒しではあき足らなかったピエールは偽金作りに手を出したが、ついに逮捕された。ほかの状況であればピエール・マンドランはおそらく死刑をまぬがれたであろう。だが、兄のルイを裁くことができなかった司法当局は、ピエールに代償を支払わせることにした。判事たちにとって、この処刑は象徴的意味をもっていた。マンドランはもはや後戻りできなくなった。真っ当な人間に戻りたいと願ったとしても、それは不可能だった。どこに行こうとも、彼を待っているのは処刑台だった。

その頃のサヴォワ地方では、ジャン・ベリサールという元兵士を首領とする密売人団が跋扈していた。フランス王国の官憲の手がおよばない、国境の向こうのサヴォイア公国を根城としていた。一味は、イタリアで従軍していたベリサールは自由の身となると、密輸入に手を染め、徴税請負の手下たちをたえず襲撃していた。装備も武装も厳重なベリサールの一団は、のべつまくなしにフランス国内で禁輸品を売りさばき、ガピアンたちの鼻を明かしていた。ガピアンたちと何度か遭遇し、何人かを傷つけたり殺したりしていた。

欠席裁判で有罪判決を受け、無法者となったマンドランはみじめな生活を送っていた。一七四九年から一七五三年にかけて、彼は一介の下僕として、荷物運搬用の動物の移送につきそって糊口を凌いだ。仕事がない時期は、ベリサールのもとで働いていた可能性が大きい。なお、ベリサール自身もサン゠テティエンヌ゠ド゠サン゠ジョワールに近いある村の出身であった。マンドランはベリサールのことを「同郷者」以外のよび名でよぶことはなかった。密輸団の首領は、マンドランの長所を見ぬいた。ルイはベリサールの学校で必要なことを学んだ、といえよう。ゆえに、一七五三年七月にベリサールの仲間に正式にくわわったときのマンドランは、見知らぬ新規採用者ではなく、実地経験のある仲間として遇された。もしかしたら、すでに後継者候補とみなされていたのかもしれない。[4]

ルイ・マンドランの伝記作者たちは、「密輸団首領のうちでもっとも優秀だったベリサールの快挙に胸を躍らせたことがきっかけで、ルイ・マンドランは自分もベリサールのようになりたいと思うようになった」としきりに述べている。マンドランにはじめて関心をよせた歴史研究者であるルグレ師は、マンドランが仲間に入れてほしいとベリサールに熱弁をふるったようす、その後ほどなくして、その手腕をみこんだベリサールがマンドランに指揮権をゆずる経緯を描いている。「彼には、人を説得できるもって生まれた弁舌の才能、たくましい想像力、大きなことをたくらむ勇気と、成功に裏づけされた大胆さがあった」。フンク＝ブレンタノはその有名なマンドラン伝のなかで、マンドランとベリサールの密輸団の関係について、「彼は一味にくわわるやいなや、首領の座を射止めた[5]」と書いている。

だが、密輸団の首領たる者が、新参者の弁才に感服してただちにその座を禅譲（ぜんじょう）するとは考えにくい。マンドラン参入のタイミングがよかった、というのがほんとうのところだ。その頃のベリサールは、波瀾万丈で、なによりも危険きわまりない日常に疲れをおぼえはじめていたのだ。

一七五四年一月、サヴォィアから国境を越えてフランスに足をふみいれたときのマンドランは、もはや「見習い」ではなく「ボス」であった。密輸団が客に提供していたのはタバコや「アンディエンヌ［インド産という意味］」とよばれた綿布であり、いずれも正規ルートでは目の玉が飛び出るほどの関税が課せられる商品だった。これらを入手できるのはベリサールだけであったが、彼は売りさばきをマンドランに託した。マンドランを自分が作り上げた密輪団の首領に任命し、新首領のはじめての遠征に必要な商材を供給してやる――マンドランは無一文であったら、商材を入手することは不可能だった――ことはベリサールにとって投資であった。

一七五四年一月五日は、マンドランの運命の扉が開いた日である。彼は二九歳だった。あらゆる将軍と同じく、彼は部下たちを演説で鼓舞した。

「友よ、勇気をもて！　季節は寒いが、大いに暴れよう。小規模だがほまれ高き密輪団が一七五二年にドーフィネ、ブレス、ビュジェで、徴税請負人の盗賊のごとき手下たちと戦って優位に立ったことを思い出してほしい。密輪団は非常線を破り、敵は敗れた。あのときと同じように、あの卑しいやつらに襲いかかろう！　栄光、密輪、上質なワインに万歳！」

これに応えて、「マンドラン万歳！」の声がわき起こった。

一月七日、一一二名の密輪者――そのうちには、後継者の手腕を見とどけねばと思ったベリサールの姿もあった――をひきつれたマンドランは、ロマンの近くのキュルソン村に到着した。一行は、タバコ、アンディエンヌ、刺繡をほどこしたモスリンを中身とする重い包みを雌騾馬や荷馬の背にくくりつけて運んでいた。村の広場で荷を解き、商品を住民に販売しようとしたそのとき、ガピアンたちがやってくる、とだれかが告げた。マンドランは商品の監視を部下三人にまかせ、残りの者たち――そのうちにはベリサールもいた――をしたがえてガピアンたちに立ち向かった。ガピアンたちは五名であり、少しも警戒していなかった。自分たちのほうにやってくる男たちが密輸団だとは夢にも思わなかったのだ。一部のガピアンは、同業者と出くわした、とさえ思いこんだ！

ルイ・マンドランは帽子を脱いでガピアンたちに「丁重に」あいさつしてから、帽子をふたたび頭に乗せた。これが合図だった。密輸者たちが発砲をはじめた。伍長とガピアン一名が殺され、二名が重傷を負った（そのうちの一名は二日後に亡くなる）。五人目は逃げ出すことができた。マンドランはおちつきはらって伍長の死体に近づき、マントを脱がせて、さっそく自分が着た。同時に、金色の縁飾りがついた伍長の帽子と自分の帽子を交換した。

そして「こいつらは上質の武器をもっている。俺も伍長風の装備で身を固めるとするか！」と言った。

一月九日、ルイ・マンドランは故郷に錦を飾った！　密輸団の先頭に立ち、彼は自分が生まれ育った村に足をふみいれた。前述のとおり、彼が無法者の烙印を押されて村を去ったのは四年前だった。村人は動揺し、恐怖と称賛の念のあいだで気持ちがゆれうごいた。マンドランは寛大なところをみせ、タバコ保税倉庫担当官であるおじを訪問する以上のことはしなかった。マンドランから「国王に献上する金を徴集する市参事会員」と決めつけられたこのおじは、家から逃げ出していた。家に残っていたのは、マンドランの従妹にあたる娘だけだった。彼は従妹に四〇〇〇リーヴルを要求した。これは、おじが納税者から巻き上げた金額である、と述べて。従妹はそんな金をもっておらず、あれこれと抗弁した。妥協が成立して、四〇〇〇リーヴルで手をうつことになった。マンドランは、どこかに隠れている父親が戻ってきたら手形に署名させる、と従妹が約束したので、それでよしとした。おじは几帳面であり、マンドランは数日後に金を受けとることになる。

マンドランにとってはじめてのこの遠征は三か月続く。彼は村々をめぐり、行く先々でもってきた商品を売り出した。市町村の広場で荷をほどいて中身を披露した。関税ぬきの値段で買うことができるとあって、客は殺到した。密輸者たちはにこやかで、軽口をたたいた。女性たちには礼儀正しくふるまうマンドランは、八面六臂(はちめんろっぴ)で飛びまわった。彼の格言は「大衆に喜んでもらいながら金持ちになる」だった。ほんの数週間で、マンドランの名声は高まった。いたるところで、自分も密輸団にくわわろうと、男たちが売りこみに来た。マンドランは志願者を一人一人じっくりと吟味し、泥棒や殺人犯は追い返し、これまでどのような生活を送ってきたかを考慮した。ルグレ師によると、そうした審査をとおった者は次に、「山野をぬける小道、隘路(あいろ)、川の浅瀬、さまざまな種類の商品を国境通過させる手法、徴税請負人の手下をまく方法、軍の部隊を攻撃し、追いはらう方法」について口頭試問を受けた。次に、新入りは「入団の順番というよりは、才能に応じて」部隊に編入された。

マンドランに採用された者はルイ金貨一〇枚を受けとり、日当として遠征時は六リーヴル、「平和時には」三〇スーを、そして遠征の利益を歩合制でもらえると約束された。マンドランが優先して採ったのは脱走兵であり、除隊となった士官は大歓迎された。彼らは「軍隊式の規律に慣れているし、銃の巧みな使い手である」とわかっていたからだ。マンドランが最初の頃に採用した者の大半は、サン＝テティエンヌ＝ド＝サン＝ジョワールだけでなく、サン＝ピエール＝ド＝ブレシウー、ラ・コート＝サン＝タンドレ、ノヴァレーズ＝アン＝サヴォワの出身者であった。マンドランは当然ながら副首領を任命した。フランソワ・デュエ・ド・サン＝ピエールという男で、マンドランから「大隊長」とよばれた。良家の出身であるこのサン＝ピエールは、もとはオランダ軍に従事していた。彼がマンドランのもとで働くようになったのは、破産した母親を助けるためであった。ほどなくして、彼は母親に、当時としては破格の金額である二五〇〇〇リーヴルを届けさせることになる。彼の弟であるジャン・デュエ・ド・サン＝ピエール、通称ジャンボンは、フランス国王軍の砲兵であったが脱走して兄に合流する。ジャンボンはやがて、マンドランの親友となる[6]。

　あらゆる将軍と同様に、マンドランは親衛隊で身辺を固めた。選ばれたのは、「頑強で覚悟が定まっている」六人の密輸者であった。彼らが仲間たちから首領の「砲手」とよばれた理由は単純明快、全員が、弾を五〇発装填（そうてん）することができるラッパ銃で武装していたからだ。農民たちはマンドランを大歓迎したが、奇妙なことに貴族たちも同様だった。それもそのはず、マンドランは「非常に丁重であると同時に、断わったらどんな目にあうかを悟らせるかなり意味深長な口調で」ごやっかいになりたい、と頼んだからだ。きちんとしたもてなしに対しては、それなりの返礼があった。三月二三日、マンドランはロデーズから遠くないブルナゼル城にやってきた。この城を辞するとき、マンドランは城主に狩猟用の小刀を贈っている。この贈り物は現在、ロデーズ博物館で展示されている。パスラ・ド・ラシャペル夫人の城では、一晩休息しての翌朝に、女主人にていねいな暇乞いをし、モスリンとインド更紗を贈った。

一七五四年四月四日、マンドランは国境を越えてサヴォイア公国に戻った。初の遠征はこうして終わった。

†

それから二か月間、密輸団は骨休みをし、軍事訓練に励み、武器の手入れにいそしんだ。同時に、陽気な暮らしを楽しんだ。儲けた金を使わねば！　一七五四年六月七日、三〇名ばかりの手下をひきつれたマンドランは遠征に再出発する。クレ（イゼール）の橋を強行突破し、複数のガピアンを傷つけ、殺し、税吏詰所を掠奪し、死人および生き残った者から服をはぎとったが、いずれの負傷者にもシャツ一枚は残してやった。マンドランにいわせると「すくなくとも布きれと、包帯の材料を残してやるため」であった。なぜなら「自分は高潔な魂の持ち主」だからだ、と理由を言いそえて。

三日後、すでに人々から「マンドラン一味」とよばれていた一行は、モンテリマールの近くに野営地を築いた。すでに手法を確立した作戦行動の基地として完璧だった。大小の村から村へ、町から町へと一行はくりだして商品を売り出し、いたるところで客が大喜びで集まった。すべてがルイ・マンドランの思いどおりに進んだ。だがときとして、愛想のよいマンドラン一味が一瞬にして豹変した。たとえばサン＝ボジル（アルデーシュ）で、一行は徴兵係の下士官一名を拘束し、こいつは徴税請負人のスパイだ、と宣言した。徴兵係はその場で銃殺された。だが、哀れな死者は徴税請負とはなんの関係もなかったことがわかった。

六月二三日、サン＝ローム＝デュ＝タルン（アヴェイロン）で、ある商人がマンドラン一味の一人と口論になったあげく、一軒の家に逃げこんだ。密輸人は扉を壊して家のなかに入り、薄暗がりのなかに人影を認めた。怒り狂った密輸人は発砲した。犠牲者はその場にくずれ落ちた。遺体に近よってみたところ、件（くだん）の商人ではなく、若い女性だった。お腹に子どもがいた。

このことを知ったマンドランは幹部を集めて会議を開いた。妊婦を殺した仲間を司法当局につき出すべきか？　とんでもない。マンドランはフランス王国の司法制度に正当性を認めていなかった。裁判の真似事（まねごと）が行なわれた。弁護士役の男が殺人犯を弁護した。検察官役も登場して、犠牲者のために正義を求めた。裁定をくだしたのはマンドランだった。

「これは故意による殺人ではなく、事故であったことが明らかとなった。したがって、犠牲者の葬式代として二二リーヴルを支払うことを命じる」[7]

住民たちは離れたところからこの「裁判」を見守っていた。マンドランが裁く、と聞いたときの期待と興奮は、殺人犯が見せしめとなる懲罰をまぬがれたと知ると、苦い失望に代わった。サン＝ローム＝デュ＝タルンでのこの殺人事件は、のちにマンドランが裁かれるときに罪状の一つにくわえられる。

六月三〇日にロデーズで、マンドランは伝記作家ベルナール・ルシュウールがよぶところの「才気のきらめき」を発揮した。ロデーズに足をふみいれたマンドランは、徴税請負人の差し金で司祭が説教壇から信徒に密輸人と取引してはならぬと述べたこと、同じ内容のおふれが四つ辻に掲示されたことを知った。密輸品を買った者は密輸者とみなされ、厳罰に処される、とのことだった。マンドランが売りさばこうとした商品の買手がほとんどいない、というはじめての事態が生じたのは当然といえば当然のなりゆきだった。マンドランはたちどころに、この新事態から教訓を引き出した。

「徴税請負人たちが強引に俺から客を奪おうとしているのなら、これからは、徴税請負の係官、徴税官、保税倉庫担当官、専売品販売担当官（すなわち、徴税請負人そのもの）が俺の最大の顧客となる」

司令本部においてマンドランは、今後は徴税請負制度の公認代表者たちに直接商品を売りつけ、即金で耳をそろえて支払ってもらう、と宣言した。そうすれば、時間と労力が節約できるというものだ！　名案だと熱狂した密輸人らは、サン＝ジュスト通りに住む公認保税倉庫担当官レナル氏のもとを訪れた。レナル氏は扉を開けることを拒否したが、扉は銃の台尻をたたきつけられ、あえなく破られた。マンドランが勢いよく家のなかに飛びこんだ。生きた心地もしないレナル氏はひっぱり出されて、マンドランの騾馬のところにつれていかれた。マンドランは、タバコの荷をいくつかほどかせた。

「これは夢だ、なんてお考えにならないことだ。いまご覧になっているのは、本物のタバコですよ。あなたのタバコにまったく見おとりしないほど芳醇だ。一リーヴル［約五〇〇グラム］あたり四〇スーでおゆずりしよう。あなた以外の買い手には売りたくない」

レナル氏はしばらくのあいだ、口をポカンと開けていたが、怒りがわいてきて「体をブルブルと震わせ、暴挙だ、不公正だ、と叫ぼうとした」。マンドランは、実を落とすためにスモモの木をゆするようにレナル氏をゆさぶり、手下がもっている銃、銃剣、サーベルをさししめすことでレナル氏をさっさと黙らせた。全面的に降参したレナル氏は要求された金額を渡した。六〇〇キロのタバコの代金として二四九四リーヴルと五スーの支払いであった。礼節を重んじるマンドランはレナル氏に領収証を渡した。

この新しいやり方は完璧ではないか！　この日を境に、マンドランは各地で同じ手法を採用した。派手で大胆きわまりない、と認めざるをえない。多くの人が徴税請負制度の鼻を明かしたマンドランに喝采をおくったのはむりもあるまい。

†

マンドランは、こうして毟り（むし）とった金貨がつまった重い袋をリニャックの旅籠に預け、唐突に仲間と別行動をとった。腹心のジャンボンが同行を申し出たが、マンドランは厳しい顔つきで断わった。

「俺一人で行く」

弟ピエールの死は、いまだに彼の頭にこびりついていた。一年前、グルノーブルのさらし台の上で拷問を受けたピエールの凄惨な姿を群衆にまぎれて眺めたあのときのことは忘れられない。かわいがっていた弟を官憲につきだしたのはだれだったのか？　彼は探しまわり、たずねまわった。数週間前、二回目のフランス遠征を準備しているとき、だれかが告げた。

「ジャック゠シジスモン・モレだ」と。

これを聞いたマンドランは、自分と同じくサン゠テティエンヌ゠ド゠サン゠ジョワール生まれのモレを殺してやる、と心に誓った。彼が仲間と分かれたのはそのためだった。馬にまたがったマンドランは、セヴェンヌ山脈とローヌ川流域を越えてロデーズからロマンにいたる四〇〇キロの山道を一週間もかけずに走破した。ロマンに着くと旅籠で一夜を明かし、翌日、すなわち七月九日の日曜日に仇を討つ、と決めた。

決めた時間になると、マンドランは生まれ故郷の村を見下ろす高みに立った。ミサを終えて人々が教会から出てくるのがはるか遠くに見えた。彼はさらに待った。

午後三時、彼は村に入った。暑い日だった。家々の鎧戸は閉められていた［ヨーロッパの夏は湿気がないので、暑い日は分厚い木の鎧戸を閉めていれば中は涼しい］。突然、村の広場からマンドランの声が雷のように響いた。

「ジャック＝シジスモン・モレ！　ユダめ！　おまえは俺の弟を売った。俺は正義を果たすためにやってきた。覚悟しろ！」

村人の午睡は破られた。しかし、鎧戸は閉まったままだった。モレが住む家はなんの動きも見せず、なんの音も聞こえてこない。ふたたびマンドランが大声を出した。

「モレ、おまえが家にいることはわかっているぞ！　隠れてもむだだ。俺がそっちに行くからな。それよりも、おまえが出てこい。俺のところに来るんだ。告げ口野郎の顔を見せろ…」

村人全員が鎧戸のすきま越しに、腕に銃をかかえて広場の中心で仁王立ちしているルイ・マンドランを見つめた。

ついに、モレの家の扉が開いた。モレは姿を見せることにしたのだ。このままでいたら、マンドランが家までやってくるだろう、密輸団首領が破ろうと思って破れない扉など一つもないにちがいない、と考えたのだ。マンドランが家のなかに入ってきたら、自分が撃ち殺されるのは必定だ。モレは、自主的に姿を見せれば弁解できるのでは、自分の行為を正当化できるのでは、と希望的観測をいだいた。

こわごわと摺り足で家から出てきたモレは一人ではなかった。腕に二歳の娘を抱いていた。村人全員は、モレが命乞いするのを聞いた。

「撃たないでくれ、マンドラン…」

マンドランは叫んだ。

「子どもを降ろせ。俺はおまえを殺しに来たのだから、子どもは降ろせ…」

モレは歯の根も合わぬほど震えていた。彼は膝をつき、泣いて憐れみを請うた。

「許してくれ、マンドラン…俺の娘のために情けをかけてくれ！」

マンドランはゆっくりと銃をもちあげ、狙いを定め、叫んだ。

「その子から離れろ！　俺は撃つぞ！」

「お情けを！　命だけは助けてくれ！」

銃声が響いた。一発だけ。村全体は恐怖に凍りつき、息を止めた。弾は、娘の体を貫通して父親にあたった。二人とも死んだ。犠牲者二人に一瞥もくれず、マンドランはゆっくりと、大股のしなやかな足どりで立ちさった。

これでもマンドランを勇敢で高潔な義賊とよべるのだろうか？

彼の大胆不敵はもはや天井知らずとなった。大きな町にも姿を見せて、逗留した。マンドのあとは、ブリウドとナンチュアに寄った。彼は一七五四年一〇月二日、一一二人の手下——うち九三人は馬に乗っていた——を率いてブール＝カン＝ブレスにやってきた。タイユ［当時の代表的な直接税］の徴収官であったヴァレンヌ殿はマンドランに二三〇〇〇リーヴルを支払った。

今度という今度、王権もことの重大性を認識した。ガピアンたちがマンドラン一味に歯が立たず、地方の軍勢も役立たずであるなら仕方がない、ラ・モリエール司令官が率いるフランドル人義勇兵をサヴォイア国境付近に送りこむことにした。これらの兵士はアルグレとよばれていた。

ルイ一一世の時代、アルグレは外国人民兵の一種であった。制度としてのアルグレは一六世紀の終わりに姿を消したが、一九世紀になってもリエージュ［ベルギー］では質の悪い銃を「アルグレ」とよんでいた。一八八〇年のある辞典は、アルグレを「才能のとぼしい人間」、「無価値な人間」と定義している。以上を勘案すると、ラ・モリエール司令官のアルグレたちはあまりよい評判を享受していなかったのでは、と思われる。

アルジャンソン侯爵がラ・モリエールにあたえた指令にはあいまいなところなど一つもなかった。マンドランを捕らえること。生死は問わない。この目的を首尾よく果たせるよう、ラ・モリエールには、彼自身が司令官をつとめる二つの連隊（フランドルの義勇兵連隊とドーフィネの義勇軍連隊）から五〇〇人の兵士を動員することが認められた。ラ・モリエールは、なにがなんでも使命をまっとうする、と心に誓った。八か月もかかるとは思わなかったかもしれないが。

†

マンドランは、王権が自分に照準を合わせてどのような作戦を準備しているのか少しも知らなかった。だが、作戦の詳細を知ったとしても、笑い飛ばしたことだろう。とはいえ、マンドランの遠征は始終（しじゅう）愉快きわまりない、というわけではなかった。大事な仲間を何人か失った。彼自身についても、たとえばピュイで負傷した。片腕の骨折だった。それでも立ちどまることも、休息することも不可能だった。手負いのマンドランは、追跡の手をゆるめぬガピアンの格好の餌食となりかねないからだ。モンブリゾンの徴税官、デュ・ピネ氏の証言であきらかなように、肉体的および精神的な倦怠感をおぼえても密輸稼業を続けるほかなかった。モンブリゾンにマンドラン一味がのりこんできたとき、おそれおののいたデュ・ピネ氏は自宅にやってきたマンドランに扉を開けざるをえなかったが、「隊長」の顔に読みとることができる憔悴、発熱のために妙に輝いている目、そして片腕に巻かれた血染めの包帯に強い印象を受けた。

「わたしがここに来た目的は、貴殿から二万リーヴルを徴集することだ」とマンドランは力のない声で言った。

デュ・ピネはマンドランの要求を断わった。

「いいえ。わたしはそのような金額をあなたに渡すことができません。わたしをおどしてもむだです。もっていないものを差し上げることはできませんから」

以前のマンドランだったら、すぐにおどしにかかり、武器をかまえ、要求し、大声を上げたことだろう。今回、マンドランの体力は限界に達していた。目つきがうつろになり、足もとはよろけた。

気の毒に思ったデュ・ピネ夫人が椅子をすすめると、マンドランはくずれ落ちるように腰かけた。夫人の目には、マンドランはもはや盗賊ではなくただの怪我人だった。なにか必要なものはありますか？と問いかける夫人に返ってきたのは、溜息とひきつったほほえみだった。マンドランが望むのは休息と手当のみだった。デュ・ピネ夫人はスープを少し勧め、地元の床屋兼外科医をよびにやった。デュ・ピネ氏は妻ほど寛大ではなかった。

「このような稼業を続けることを恥ずかしいと思わないのですか？」

こう問うたデュ・ピネ氏自身が心底驚いたことに、マンドランは頭をたれた。

「仰るとおりです、これはとんでもない稼業です」

デュ・ピネ氏は報告書に次のように書いた。「背が高く、冷静に話す男である。サヴォイアに一刻も早く戻りたがっている」

懇願されてやってきた床屋兼外科医はマンドランの包帯を巻きなおした。マンドランは結局、デュ・ピネがこれで手をうたないか、と提案した五〇〇〇リーヴルで満足した。

密輸団は出発したが、ラ・タンドレスというあだ名でよばれる怪我人のために速度はゆっくりとなった。足手まといのラ・タンドレスのせいで全員が危険にさらされた。そこでクリュニーのとある納屋にラ・タンドレスを置きざりにせざるをえなくなった。官憲に発見される前に死亡することを願って。だが、そうはならなかった。一部始終を見ていた農民たちが、恐れながら、と訴え出た。ラ・タンドレスは奉行所に引き渡され、その日のうちに裁かれて車輪刑に処せられた。

マンドランの憂鬱な気分は部下たち全員に感染した。だれもが望むことはただ一つ、サヴォイアに帰り着くことだった。一刻も早く。

†

マンドランは彼の伝記作者たち全員をとまどわせる、といわれている。精根つきはてたと思われていたマンドランだったが、サヴォイアへの帰路で、大元帥モーリス・ド・サックスの副官、デスパニャック男爵の紋章をつけた急使を見かけた。マンドランのなかで虚栄心が頭をもたげた。彼は部下たちに、隊列を整え、服装や武器に粗相がないように気をつけよ、と命じた。マンドラン本人も馬上でしゃんと背を伸ばした。しばらくすると、副官殿が乗った馬車が姿を見せた。マンドランは近づき、勢いよく典雅に帽子を脱いであいさつした。彼にとってこれは演技でもなんでもなかった。フォントノワの戦い［オーストリア継承戦争］での武勲がすでに伝説として語り継がれているデスパニャック男爵はこの有名な盗賊を面白そうに見つめたが、マンドランが恐縮しながらも次のように懇願したときはわが耳を疑った。

「副官殿にお願い申し上げます。わたしの手勢を閲兵し、少しのあいだ、演習の指揮をとっていただけましたら幸甚に存じます」

男爵はおそらくユーモアのセンスがある人物だったのであろう、四の五の言わずにこの頼みを引き受け、下馬したマンドランに代わって彼の馬にまたがり、求められたままに閲兵した。さらに、いくつかの演習も命じたが、密輸団はなかなかの出来でこれに応えた。男爵は、「国王軍の一連隊を視察し終わったかのように」折り目正しく別れを告げる前に、マンドランの一団はよく鍛錬されている、とほめたたえた。マンドランは感きわまったようすで礼を述べた。

その後少ししてデスパニャック夫人は差出人不明の包みを受けとった。なかには、「まことに繊細なプリント」がほどこされた極上のインド産布地が入っていた。

ちょうどこの頃、ヴォルテールその人もマンドランに大きな関心をいだき、「もっとも高潔な密輸者」とよんだ。フェルネに隠棲していたヴォルテールにとって、「このマンドランは翼をもっている、彼は光のごとく速い…」であった。さらに、「急流だ、徴税請負制度の金色の収穫に損傷をあたえる霰だ。こうして人をくらうマンドランは庶民に愛されている！」とまでもちあげた。

そうかもしれない。しかし、フランス王室の怒りは高まっていた。ルイ一五世は、「サルデーニャ、キプロス、エルサレムの王」の称号をもつサヴォイア公カルロ＝エマヌエーレ三世に、サヴォイアで酒をあおりながら雉とパテを大量に食しつつ体力回復をはかっているマンドランの引き渡しを求めた。要請に応えるふりをしたカルロ＝エマヌエーレ三世は、「ドーフィネ司令官マルシウー伯爵がすでに貴殿に報告したように、フランス国内において過激な行動に出て混乱をまきおこし、武装襲撃を行なったのち、サヴォイアに逃走した可能性のある密輸者らをサヴォイアで逮捕」するよう、「総督かつ親戚」であるド・サンサンに命じた。

だが、以上は聞こえのよい空手形、まやかしにすぎなかった。サヴォイアの当局は行動を起こすことをさしひかえた。マンドランの密輸団がフランスからもち帰った莫大な額の金銭は、すべてサヴォイアで使われていたからだ。こんなすばらしい金づるを手放すことなんて考えられない。外交交渉は続き、フランスはマンドランとその仲間の引き渡しをひっきりなしに求めた。カルロ＝エマヌエーレは、またしても協力をおしまぬ姿勢を示した。そしてサヴォイア当局は指一本動かそうとしなかった。

けがも癒え、疲れもとれたマンドランは、自分をめぐってのさまざまな騒動などどこ吹く風、と無視を決めこみ、新たな遠征――これで六回目だった――をはじめた。一二月一四日から一五日にかけての夜、彼はフランスとの国境を越えた。国境は、かなりの数のフランス軍兵士によって監視されていたにもかかわらず。マンドランがすぐれた戦略家ぶりを発揮し、敵の注意をそらすことに成功したからだ。アルザスを通ると思わせて、じつはブザンソンへと抜けたのだ。

フランシュ＝コンテの王国総司令官、ド・ランダン公爵は、この予想外の動きを知ると、「ボーフレモンの竜騎兵一五〇名、一二〇名からなるアルクールの騎兵分遣隊、五〇名からなるフュメルの騎兵分遣隊、六〇名からなるムタンの騎兵分遣隊、クルタンの擲弾兵部隊二個と砲兵一〇〇名で、これらの密輸者らを包囲する、もしくは追走する」、と決めた。たいへんな数である。マンドランとて、一度にこれほどの数の敵を相手にするのははじめてだった。もはやゲリラ戦ではなく、本物の戦争だった。

一二月一六日、ドルの近くで、アルクールの騎兵とはじめてぶつかった。マンドランが勝った。一二月一七日、スール（コート＝ドール）でマンドランたちは四〇〇〇リーヴルをせしめた。翌日、一行はボーヌに入った。ルイ・マンドランは、「六七人もしくは七〇人の盗賊」をしたがえていた。全員が馬に乗っていた。マンドランに抵抗しようと試みた者は全員殺された。ボーヌの教会参事会の記録により、この日のマンドランは「薬剤師風のコート、細かい格子模様の紅いビロードのジャケットを着て、首に絹のハンカチーフを巻き、縁が金色の帽子を鍔を下ろしてかぶり、狩猟用短刀と銃剣つきの二連銃とピストル二丁を手挟んだ太いベルトをしめて」いた。彼は、密輸の罪や借金のために収監されていた囚人たちを解放した。塩税局の徴税官、ド・サン＝フェリックス氏と、タバコ保税倉庫担当官のエスティエンヌ氏は、マンドランに二万リーヴルを渡した。その後、一行はボーヌをあとにした。

だが、ゆうゆうと立ちさったわけではなかった。フィシェール中佐が率いる猟騎兵とボーフレモンの竜騎兵が彼らをぴったりと追走した。しかし、オータンの手前で見失い、真夜中の強行軍でブリオンの小村グナンにたどり着くと、すぐに村人から情報が得られた。マンドランたちは、この村の複数の家に分かれて泊まっている、と。竜騎兵と猟騎兵は、丘の上に戦闘態勢で配備された。偶然、密輸者の一人が兵士たちの姿を目にして警告を発した。てんやわんやの大騒ぎとなった。マンドランは部下たちを起こし、アジ演説をぶった。

「われわれにふさわしい敵といよいよ対決だ！　つらい強行軍でくたびれた連中をたたきつぶそうではないか。勝利を得たあかつきには、徴税官たちから得たすべての富と、やつらの手先の首級すべてを、おまえたちにやる！」

すでに、攻撃の合図である喇叭の音が響いていた。マンドランたちは家々のなかや塀の後ろにひそんだ。速歩で突撃してきた騎兵たちは激しい銃撃にさらされた。フィシェール中佐は、自分のすぐ近くで擲弾兵隊長が倒れるのを見た。さらに七名が殺され、五人が負傷した。必要なのは、「あの連中を隠れ場所から駆り出す」ことだった。フィシェールは、密輸者たちが隠れている家々に火を放った。彼らは家の裏手から逃げ出さなければならなかった。炎に包まれた家々のなかから密輸人九名の死体が発見された。そのほかに、五、六人が逮捕された。しかしマンドラン自身は、部下の大多数とともに逃げ出すことができた。鬱憤を晴らすかのように、猟騎兵と竜騎兵は村の残りの家々の掠奪に励んだ。

マンドランはグナン村の戦闘の栄光だの勝利だのを自慢したが、手痛い目にあったことにかわりはなかった。誇りを傷つけられたマンドランは、荒々しくなった。遠征はその後も続いたが、彼は、気さくで陽気な首領、噂の種となるひょうきんな密輸者ではなくなった。つまらぬ理由で人を殺すようになった。なんの罪もない人であっても。道案内役となることを断わった粉挽きとその妻、そして何人ものガピアンや税吏や農民。いまや、彼が通ったあとには死体がゴロゴロと転がっていた。マンドラン伝説は、このことにはふれないようにしている。

ヴェルサイユ宮殿では、怒りが頂点に達した。遠征を終えたマンドランはふたたびサヴォィアに逃げこんだ。なんとしても、彼がふたたび国境を越えてフランスにやってくるのを阻止しなければならない。どうやって？　奸計によってだ。フランス国内で逮捕することが不可能である以上、サヴォィイア公国内で拉致するのだ。国際法［当時は万民法とよばれていた］を無視して。

†

一七五五年五月、マンドランはロシュフォール＝タン＝ノヴァレーズ城に引きこもった。この城には過去に何度もやっかいになっていた。マンドランを受け入れたのは、城の持ち主、ドーフィネ法院の院長であるド・トゥリ氏ではなく、管理人のアントワーヌ・ペルティだった。

このロッシュフォール城は現存していて、マンドラン伝説の聖地の一つとして紹介されている。城は低い丘の上に建っていて、その三つの塔は、雄大なシャルトルーズ山脈を背景にくっきりと浮かび上がっている。

マンドランはここで、安心して次の遠征の計画を練っていた。彼は五月四日、注文していた馬二五頭をカルージュで受けとった。九日、サン＝ピエールの弟（通称ジャンボン）をともない、ロッシュフォール城に戻った。ペルティ一家は、彼が足をひきずっているのに気づいた。馬に足をふまれたためだった。

一人の聖職者――名前は不明である――が、国境の向こう側で待機していたラ・モリエールに、マンドランがロッシュフォールに戻ってきたことを知らせた。「以下の点にご留意ください。城の管理人の妻はマンドランの愛人であり、彼の金を預かっているはずです。だれも外に出さぬよう、くれぐれもお気をつけください。召使いたちから、すべての情報を聞き出すことができるでしょう」

このメッセージを受けとるやいなや、ラ・モリエールはただちに行動に出ることにした。ロシュフォール城はほんの一リユー［約四キロ］先だ。フランスとサヴォイアをへだてているギエール＝ヴィフ川を渡ればいいだけだ――どこに浅瀬があるかは確認ずみだ。すべてがとどこおりなく進めば一時間以内に盗賊の首領を捕まえることができるだろう。

一七五五年五月、日付が一〇日（土曜）から一一日（日曜）に変わろうとしていた夜の一一時。ほぼ全員がラ・モリエールの「アルグレ」で構成されていた五〇〇人の兵士と、八〇名のガピアンが、ギエール＝ヴィフ川のフランス側の岸辺に結集した。ラ・モリエールはこの作戦を陣頭指揮することを望んだが、上司たちは、事態が思ったような展開とならずに、ラ・モリエールほどのランクの軍人が敵方に捕まったとしたらフランス王権の面目は丸つぶれになる、と考えた。そこで、徴税請負人の代表であるブエ・デリニ氏が指揮をとるように依頼されたが、同氏は用心深くも辞退したため、最終的にディチュルビド＝ラール中隊長が使命を引き受けた。

川岸でディチュルビド＝ラールはラ・モリエールに暇乞(いとまご)いし、軍服を脱いで灰色の服に着替えた。一本のサーベルを脇に下げ、ベルトには二丁の騎兵用ピストルを手挟んでいた。兵士たちもこれにならい、サヴォイアでもよく知られている茜(あかね)色の制服と、白いウールで縁どりした高さのある黒い兵帽を脱いだ。雇われた一人の農民が、脱いだ制服類を安全な場所に隠す任務を託された。アルグレの大半は、白または色つきのハンカチーフを頭に巻いて四隅を結んだ。何人かは不注意にも兵帽をかぶったままだったので、サヴォイア当局に気づかれてしまい、フランスが越境を犯したとの抗議に根拠をあたえてしまうことになる…。大多数の兵士は木炭で顔を黒くぬったが、薄布で顔を隠すだけの者もいた。

アルグレたちが川を渡ろうとしたとき、二人の農民（トラフィル親父とその息子）が現われた。彼らは捕らえられ、先頭で川を渡ることで浅瀬の正確な位置を教えるようせまられた。否応（いやおう）もなく、父子は命令にしたがった。

夜の静けさのなか、一行は川を渡った。サヴォイア側で国境警備にあたっている者はだれもいなかった。トラフィル父子は姿を消した。アルグレたちは、パリュエルの谷間に入るとベルモン城を右手に見ながら、青い麦をふみつけながら畑をつっきり、ロシュフォール城へとまっすぐに進んだ。

†

前日、マンドランとジャンボンは大いに語り、大いに飲み、夜遅く就寝した。また遠征に出発するのが楽しみで、なんの憂いもなく眠りをむさぼっていた。

†

朝の三時、兵士とガピアンらは城の前に到着し、胡桃（くるみ）の木が左右に植わっている広い並木道を通って前庭に出た。扉が閉まっていたので、一行は大いに腹をたて、一階の窓の鎧戸を壊しはじめた。若い庭師、ジョゼフ・ヴェイレが寝床から飛び起きて、扉を開けた。アルグレたちはジョゼフを押し倒し、頭に強烈なサーベルの峰打ちをくらわせたので庭師は血まみれになった。一行は中庭になだれこんだ。本人にとって間が悪いことに、一人の召使いが姿を現わした。アルグレたちはこの者を捕らえ、打擲(ちょうちゃく)し、マンドランがどこにいるか言え、とせまった。

「もう発ちました」との答えを聞くと、兵士たちは倒れていたヴェイレを立ち上がらせ、またも体をゆすぶって「マンドランはどこだ?」とたずねた。「もう発ちました」と同じ答えが返ってくると、二人の召使いの記憶をよみがえらせるために、拳骨、サーベルの峰、銃の台尻、足蹴りが雨あられと降りそそいだ。ラ・モリエールも報告書のなかで「彼らを相当にかわいがらねばならなかった」と述べている。庭師と召使いのうちのどちらかは、片腕を骨折した。彼らはついに、中庭の右側に今日(こんにち)も存在する石の階段を指差した。

アルグレたちは駆けより、扉を壊した。何人かは、管理人ペルティとその妻が寝ていた部屋になだれこんだ。そのほかの者たちは、マンドランとサン=ピエール(ジャンボン)の寝室に突入した。この部屋はいまでも、一七五五年当時の姿をとどめている。一辺が六メートルの正方形で、天井までの高さが五メートル、という漆喰ぬりの部屋だ。

管理人の妻、ジャンヌ・ペルティはのちに、マンドランとサン=ピエールは「寝返りするまもなく」捕まった、と述べている。二人は服を着ることも、ズボンに足をとおすことも許されずに縛り上げられた。兵士たちは、かねて用意の荷車に二人を乱暴に投げこんだ。

ペルティ夫妻も同じように怖い目にあった。彼らは足蹴にされ、警棒で殴られ、床に投げ出され、ふみつけられた。ペルティの妻とその女中は、卑猥ないたぶりを受けた。一行は管理人夫婦の金と宝石類、すなわち全財産を奪った。城は掠奪された。錠は銃の台尻を打ちつけられて次々と壊された。一部のアルグレは地下蔵の葡萄酒を飲みつくすために朝まで城に残った。その結果、城の所有者であるド・トゥリ氏はサヴォイア総督のド・サンサン氏に次のように書き送っている。「地下蔵の条件がたいへんにすぐれているので、わたしは自分が所有する葡萄酒のうち、最上質でもっとも年季が入ったものをグルノーブルからそこまで運ばせて貯蔵し、必要に応じてとりに行かせていました。わたしがなによりもおしいと思うのはおそらくこれらの葡萄酒です。礼儀をわきまえた真っ当な人に飲んでもらうために貯蔵していたのですから[8]」

マンドランとサン＝ピエールを運ぶ荷車には、「非協力的」な態度を示した従僕一名も放りこまれていた。一行はフランスに向かった。温かい夜ではなかった。ズボンをはいていないマンドランとサン＝ピエールは震えていた。

憤怒と葡萄酒で酔いしれていたアルグレとガピアンたちは、サヴォイア公国内の道中で恐怖をまきちらした。アルヴェシウー村では、荒くれ男たちを見て「驚いた」ようすを見せただけの学校教師を銃剣でつき、瀕死の状態で放置した。彼らが通りすぎるのを見ていた農民たちは銃撃され、数人が負傷した。サン＝ジュニ・ダオストでは、アントワーヌ・サルという名の男を無慈悲に殺した。殺害現場に立ち会った一人の人物は次のように語っている。「サルは、ルガールという名のガピアンに殺された。二人はかつていっしょに狩りにでかける仲だった。ルガールがサルを殺したのは、自分のきょうだいを蹴ったことをサルが非難したからだ」

彼らに撃たれたバティスト・ベルティエという男は、片脚を切断することになる。恐怖に駆られた住民は教会に逃げこんだ。アルグレとガピアンたちは教会の中までやってきて、信徒たちを追いまわし、女子どもを殴り、男たちをサーベルで峰打ちし、ジナールという名の男を銃で数発撃って殺した。ガピアンたちは道中のいたるところで、「死体のまわりで踊っていた」との証言が残っている。

ディチュルビド＝ラールは、こうした蛮行を止めようとしたのだろうか？　おそらくは、試みたであろう。だが、止めることはできなかった。ディチュルビド＝ラールがマンドランの仲間二人が住む家を襲撃することを提案したのは、部下たちの怒りの矛先(ほこさき)をそらすためだったのだろうか？　標的となったのは、「ニーム」というあだ名でよばれるピエール＝トゥランと、その義理の息子ゴサンである。二人は捕らえられると、きつく縛り上げられ、マンドランとサン＝ピエールが転がされている荷車に放りこまれた。

一行がギエール＝ヴィフ川のサン＝ジュニ砂洲にたどり着いたのは朝の八時であった。マンドランは荷車から降ろされ、一五人（！）もの兵士に囲まれて川を渡ると、喜悦満面(きえつまんめん)のラ・モリエールと対面した。「おまえの不用心の結果だ！」と言われたマンドランは、ラ・モリエールを正面から見すえ、大人数のアルグレを指差して、「これほどの員数をひきつれていれば、勇敢になるのはむずかしくない」と軽蔑をこめて答えた。

この日の夜、六〇人の竜騎兵に厳重に監視された幌つき荷車に押しこめられた囚人たちはヴァランスへと向かった。一行が休息をとったヴォワロンで、マルタ騎士団のド・サン＝モリスはマンドランをじっくりと観察することができた。「驚くべきことに、彼は結婚式にでかける途中であるかのように冷静きわまりなかった。パイプをくわえてタバコをふかし、笑い、冗談を口にしていた。だが、彼の仲間である若い男は違っていた」

五月一三日の朝、一行はヴァランス市に入った。マンドラン逮捕の噂は先行してとどいていた。有名な密輸人の姿を一目見ようと、町中の人間が集まったようだ。たいへんな人出であり、「彼を見るために人々は押しあいへしあいをした」という証言が残っている。

独房に放りこまれて重い鎖につながれたマンドランは、自分が死をまぬがれないと悟った。それなら、見事な死に方をしなくては。彼はそう決意を固めた。

彼がまだ知らなかったのは、自分の逮捕がたいへんな騒動をひき起こしたことだった。国際法をふみにじったこの行為について知らされたカルロ＝エマヌエーレ三世は、激しく抗議し、連行された者たちを引き渡すよう要求した。フランス政府は、この要求をのまざるをえなくなるのだろうか？

フランスの徴税請負人たちは、なにがなんでも譲歩するつもりがなかった。この時代、使者がサヴォイアとヴェルサイユのあいだを往復するにはたいそう時間がかかった。計算は簡単だ。フランス国王がカルロ＝エマヌエーレ三世の要求に応じることを余儀なくされる前にマンドランを処刑せねばならない。

五月二四日、検察官のルヴェ・ド・マラヴァルはマンドランに、公開での車輪刑という判決が下り、翌々日に執行される、と告げた。自分が残酷きわまりない刑罰を受ける、と知ってもマンドランはまばたき一つしなかった。彼は二度、告解聴聞司祭の訪問を断わっていたが、処刑確定の知らせを受けると、イタリア人イエズス会士、ガスパリーニ師に罪を告解することに同意した。

マンドランは五月二六日の明け方、妹のマリアンヌをサヴォイアに残っている資産の受遺者に指定する遺言書をしたためた。書き終わるやいなや、処刑人の助手がやってきた。靴と半ズボンを脱がされ、白くて長いシャツを着せられ、腕と足を縛られ、首には縄をまわされた。

判決が読み上げられ、マンドランは耳を傾けた。

「生きたまま、今回のために用意される処刑台の上で脚と腕、腿と腰骨をくだかれる。次に、顔を空に向けた状態で、車輪の上にすえられる…」。こうしたおそろしい詳細を聞かされてもマンドランは目の前をじっと見つめたままで、動揺をいっさい見せなかった。数分間、ガスパリーニ師と会話をかわした。これで、死に立ち向かう用意はすっかりととのった。

町には多くの人がつめかけていた。町の住民のみならず、この地方のあちらこちらから人が集まっていた。マンドランが姿を現わすと、あたりは重い沈黙に閉ざされた。マンドランは縛られた両手で火がともされた蝋燭をもちながら、処刑台へと歩んだ。彼の背中には「密輪団首領、殺人犯、不敬罪犯、偽金作り、治安攪乱者」と書かれた札が貼られていた。

処刑台はデ・クレール広場に設けられていた。マンドランはこれに向かってまっすぐに歩み、階段の下にたどり着いて立ち止まった。生きたまま手足の骨を折られてから彼が乗せられることになっている車輪は、晴れた空を背景に黒々とシルエットを浮き上がらせていた。マンドランはこの車輪を見ても動揺を見せることなく、だれの手も借りずに梯子を登った。ガスパリーニ師が後に続いたが、処刑台の上で気絶して倒れた。師を気遣って励ましたのはマンドランであった！意識をとりもどしたガスパリーニ師は十字架をふりかざし、群衆に向かって叫んだ。

「この者はキリスト教徒として死にます！」

マンドランは聖アンデレ十字［×字形の斜め十字］の上に縛りつけられた。処刑人は大きな鉄槌（てっつい）をとり出し、マンドランの上に七度ふり下ろした。左右の足首と肘と膝、そして胃の上に。体の主要な骨をバラバラにすることが目的だ。こうして七個所をくだかれた体は、車軸の上に水平にすえられた車輪にくくりつけられた。車輪刑を受ける者は長時間苦しんでから死ぬことを覚悟しなければならない。死が訪れるまで数日もかかる場合もあった。

数キログラムの重さの鉄槌で骨を粉砕されても、マンドランはうめき声一つあげなかった。ある同時代人によると、マンドランは「見物人全員が驚くほどの、比類なき毅然たる態度と忍耐心で」この忌まわしき拷問に耐えた。検察官のルヴェ・ド・マラヴァルはヴァランス司教ミロン猊（げい）下（か）の求めに応じ、拷問のあとでマンドランを絞殺することに同意した。これは特権的な恩恵であった。

関節がばらばらになり、マリオネット状態となったマンドランは八分間、車輪の上で断末魔の苦しみを味わった。その後、処刑人が彼の苦しみを終わらせた。[9]

†

「フランス中で話題になっているあの犯罪者は、いったい何者なのだ？　だれもが気の毒がり、皆がおしみ、数かぎりない人々が自分の血で命を贖(あがな)ってやりたいと願うとは」。これは、マンドランの死後、騎士ド・ゴンダルが記した言葉である。

世論の雰囲気が伝わってくる。

マンドランの刑死からたった一〇日後、マンドランの生涯と刑死をテーマとした哀歌をそえた追悼演説文と称するものがリヨンで出版された。次に、フランス各地でマンドランを主人公にした劇が上演された。本屋は店で、行商人は訪れた家々で、マンドランの栄光を唯一のテーマにかかげた数多くの詩、風刺作品、歌、にせの手紙、政治的攻撃文書を売った。マンドランの肖像画は何千枚も刷られ、藁葺き農家の居間の壁に十字架の隣に鋲づけされているのが長いことみられた。イエス・キリストとマンドランのどちらも、不幸な人々のために命を捧げたではないか。あげくのはてには、マンドランをたたえたメダルが鋳造された。マンドランはファッショナブルな存在となった。上流婦人のあいだでは、マンドラン風の髪型がはやった。男性のあいだでは、マンドラン風の武装がはやった、騎兵隊と海軍の正規のピストルが「マンドラン風ピストル」とよばれる、という事態まで起きた。

それから何十年という年月がすぎさったのち、マンドランをフランス革命の先駆者とみなす者さえ出てきた。近年では、マンドランをチェ・ゲバラにたとえる向きまで現われた。ゲバラ本人は、マンドランのことなど耳にしたこともなかったろうが。

マンドラン伝説はかくも人口に膾炙（かいしゃ）したため、歴史研究者は、「大人気の盗賊」マンドランに帰すると認めざるをえない殺人、残虐行為、卑劣もしくは卑怯な行ないにふれねばならないとき、多少とも歯切れが悪いようだ。

マンドランが死んだとき、サヴォイアもしくはスイスを根城とする密輸者は二〇〇〇人以上もいた。彼らはマンドランとどっこいどっこいの無法者であった。一七五五年から一七六〇年にかけて、彼らの多くは逮捕され、裁かれ、絞首刑もしくは車輪刑に処せられた。だが、だれも彼らの運命に関心をよせず、彼らの死を悼まず、彼らについて一文も書こうとしなかった。

マンドランの扱いが異なるのは、フランス国民がもっとも憎んでいた制度、すなわち徴税請負制度にはじめて反旗をひるがえしたからだ。彼は、税のとりたてにともなうあらゆる種類のいきすぎに苦しむ人々全員の代弁者となったのだ。マンドラン本人もこのことを理解し、悪しきをくじく英雄を演じて見せることで、時代を超えてフランス国民の共感をよぶ人物となった。

処刑台の上で、死が訪れる寸前にマンドランは観衆に対して次のように叫ぶことで、人々が彼に期待していたとおりの英雄となった。本人もそのように信じていたことだろう。

「若者たちよ、わたしを手本にせよ！」

ギロチンで斬首される四日前にあたる一七九四年五月一日、罵声を浴びせる群衆に囲まれながら、四台の荷車に乗せられてパリのコンシエルジュリ［監獄］につれていかれた二七人の徴税請負人のうちには、ルイ・マンドランが最後に投げかけた呪いの言葉を思い出した者も一人か二人はいたであろう。

〈原注〉

1 Bernard Lesueur : *Le Vrai Mandrin* (1971).
2 Yves Durand : *Les Fermiers Généraux au XVIII*[e] *siècle* (1971).
3 Georges Bordonove : *Mandrin* (1971).
4 Erwan Bergot : *Mandrin ou la fausse légende* (1972).
5 Frantz Funck-Brentano : *Mandrin* (1908).
6 Frantz Funck-Brentano、前掲書。
7 Erwan Bergot、前掲書。
8 この言葉を引用しているフンク＝ブレンタノは、以下のように、まことに正鵠を射たコメントをつけくわえている。「フランス人が外国で犯した器物損壊にかんして、フランスの司法官［ロシュフォール城の所有者であるド・トゥリ」が、外国の役人［サヴォイア総督のド・サンサン」に宛てた手紙のなかで使われているこの言葉〝礼儀をわきまえた真っ当な人〟は、辛辣（しんらつ）である」

9　ジャン・ド・サン＝ピエール（ジャンボン）は翌日、車輪刑に処せられた。彼の兄であるフランソワ・ド・サン＝ピエールも同様に処刑される。ベリサールは一七五八年に逮捕されて処刑される。クロード・マンドランは兄の跡を継ごうとしたが逮捕され、ガレー船漕ぎの徒刑囚として生涯を終える。

3　シャンポリオン（一七九〇―一八三二）
古代エジプトの沈黙を破った男

「わかったぞ！」

ゴールインするマラソンランナーさながらにせわしく呼吸しながら、つむじ風のようにマザラン宮［学士院］の一室に飛びこんだ男は三二歳であったが、四〇歳のように見えた。体型はずんぐりとして、顔色はひどく悪かった。服装は乱れていた。黒い髪は櫛を入れてもらっていない。だが、この人物が断定的な口調で「わかったぞ！」と述べて、執務机に向かって腰かけていた博識な人物をびっくり仰天させたとき、その目はきらきらと輝いていた。

彼は腕にかかえていた文書を執務机の上に投げだし、そのなかに両手をつっこんでパン職人がパン生地をこねるようにかきまわした。そして勝ち誇るように、何枚かの紙を取り出し、目の前にいる人物の鼻先に、一枚また一枚とかかげて見せた。

彼の名前はジャン＝フランソワ・シャンポリオン。そして、彼が話しかけている相手は実の兄だった。彼は息をきらしながら説明した。話の内容は古代エジプトだ。一つの単語が、くりかえしくりかえし彼の口をついて出た。「ヒエログリフ［古代エジプトの神聖文字］」だ。兄は弟の話に耳を傾けた。はじめは慎重なようすだったが、やがて話にすっかり引きこまれ、ついには夢中となった。

ジャン＝フランソワはいつまでも話しつづけた。なにものも彼の話を止めることができない、と思われた。だが、兄が見守るなか、弟は口を開けたまま、急に動きを止め、その体はこわばった。もはや、その唇からはなんの音ももれ聞こえない。ジャン＝フランソワはよろけ、床の上にくずれ落ちた。

絶命したように見えた。恐怖に駆られた兄は床に膝をつき、弟のシャツと上着をゆるめた。心臓は動いていた！

意識を失ったジャン＝フランソワは、自宅――幸いなことに、すぐ近くだった――まで運ばれた。それから五日間、昼夜をわかたず妻のロジーヌと兄が交替で看病した。医師たちがまったく無意味な治療をほどこした。ジャン＝フランソワ・シャンポリオンの昏睡状態は続いた。

六日目、病人は目を開けた。妻と兄は、彼がほほえむのを見た。ジャン＝フランソワは兄のほうに向きなおり、何ごともなかったかのように、六日前に中断した会話を続けた。

彼は、長年追求してきた目的をついに達成した、と説明した。エジプトのヒエログリフの秘密を探りあてたのだ。

†

一九世紀の特権の一つはおそらく、歴史上のどの時代よりも数多くのなみはずれた運命が開花するのがみられたことであろう。そうした運命のうちでも、ジャン＝フランソワ・シャンポリオンの場合は型破りと高揚感がつねに組みあわさっているだけに、もっともなみはずれた運命だと思われる。

彼はたった一人で、自分の才能と想像を絶する粘り強さによって、人類が失っていた何千年もの歴史をとりもどしたのだ。何十世紀ものあいだ、エジプトはこの国に足をふみいれるすべての者——旅行者、商人、外交官、軍人——の夢をかきたてていた。だが、その過去についてはほぼなにもわかっていなかった。史料としては、ギリシア語、ラテン語、ヘブライ語で書かれたものがある程度存在するだけだった。エジプトのあちらこちらに残っているピラミッドや神殿の外壁や内壁には、ヒエログリフとよばれる刻文がちりばめられていた。その多くが墳墓のなかで発見された古代エジプトの紙、パピルスにも、同じヒエログリフが記されていた。商人たちがヨーロッパに大量にもちこんだパピルスは、コレクターや博物館が所蔵するところとなった。学者は博物館でパピルスを調べることができた。常識的に考えれば、古代エジプトの歴史はすべて、こうしたパピルスや刻文のなかにある。問題は、だれひとりとしてヒエログリフを解読できないことだった。

古代エジプトの君主、歴代ファラオの名前はそれなりに伝わっていたし、ローマ帝国がからむ後期エジプトのエピソード（たとえば、クレオパトラの生涯）は知られていたし、古代ギリシアのヘロドトスが残した旅行記を参照することもできた。だが、以上は大海のように広がる無知に比すれば数滴の知識であった。書き言葉が謎のままであるかぎり、古代エジプトは永遠に扉を閉ざしていると思われた。何人もの学者がヒエログリフ解読を試みたが、全員が挫折を味わった。

とはいえ、一九世紀には、古代エジプト語の直系子孫である一つの言語が話されていた。コプト語である。エチオピアとエジプトではコプト教会——ローマ教皇庁とはつながりをもたないキリスト教——が、儀典の言葉としてコプト語を使っていた。研究者たちは、コプト語を学べばヒエログリフを解読できるのでは、と期待した。だが、結果はまたしても挫折だった。コプト語の文字はもはや、古代エジプト文字との共通点をもっていなかった。

学者たちが全員、ヒエログリフの謎は絶対に解明されないだろう、と絶望にくれていたとき、思いがけないデウス・エクス・マキナ［古代ギリシア劇に登場し、混沌とした状況に解決をもたらす神］が出現した。ナポレオン・ボナパルトである。

†

ナポレオンの評価は分かれる。彼は、称賛と憎しみを同程度にかきたてた。ただし、彼のくわだてや事績にどのような評価をくだそうと、ナポレオンが、パスカルがよぶところの「気宇壮大」な人物であることは否定できない。イタリアでの戦いで勝者となって帰国したナポレオンは、フランス共和国にとって不倶戴天の敵であるイギリスに決定的な一撃をくわえるとしたら、それはエジプトにおいてである、と総裁政府を説き伏せた。多くの者はこのエジプト遠征という考えに、アレクサンドロス大王やカエサルに倣(なら)いたいと熱望する軍人の野心しか認めなかった。

だが、それはまちがいだった。ナポレオン将軍はただの軍人ではなかった。彼は、一七九七年一二月二五日にフランス学士院機械学の会員に選ばれたことを誇らしく思っていた。入会が認められた日、ナポレオンは自分がいかに感激しているか、自分を迎えてくれた会員たちにいかに感謝しているかを述べ、「いまや、フランスのものではない新しいアイディアが一つでも存在することは許されない。フランス共和国の真の力は、これを許さぬことで示されるべきである」と宣言した。ナポレオンは名前だけのお飾り会員ではなく、学士院の会合に足しげく通っていた。エジプト遠征が決定されると、学士院の協力を求めた。戦いにおもむこうとする将軍が、自分の遠征の目的の一つは学問や芸術の進歩である、と即断することは歴史上まれではないだろうか？

同時代人の多くと同様、ナポレオンも「エジプトの謎」に魅せられていた。地球上でもっとも古い文明の一つであるエジプト文明にかんする情報が断片的であることに彼は不満をいだいていた。彼はただちに決意を固めた。古代および近代のエジプトにかんする知識を深めるのに役立つあらゆる分野の専門家を遠征に同行させる、と。彼はこの考えを学士院の仲間の一人である、偉大な数学者モンジュに伝え、「(遠征に)同行する用意のある学者と芸術家を集めた委員会を作り、彼らを補佐することができる若人を大学校［エリート養成校］でつのる」[1]よう求めた。

エコール・ポリテクニーク、国立高等工業学院、国立高等師範学校、国立高等鉱業学校、国立土木学校、国立工芸院、パリ天文台、ムードンの空気静力学研究所、自然史博物館といった、最高峰の教育・研究機関が動員された。天文学者、化学者、考古学者——当時はアンティケール［現在では骨董屋をさす言葉］とよばれていた——、画家、動物学者、植物学者、外科医、内科医、薬学者、作家、経済学者、印刷工が派遣要員として集められた。

打診された者は皆、喜び勇んで要請に応じた。土地測量技師のデュ・ボワ゠エメは当事者の一人として、全員の張りきりようを雄弁に物語っている。「われわれは、ボナパルトが自分たちをどこにつれていこうとしているのか知らなかった。遠征の目的は極秘とされていたからだ。だがわれわれにはどうでもよいことだった！　あの有名な戦士［ナポレオン］は、高尚な熱意をかきたて、盲目的な信頼感を吹きこんでいた。モンジュ、ベルトレ、カファレッリ、ドロミュが彼［ナポレオン］に同道し、彼らの調査研究にわれわれが参加することを求めた。一瞬でも迷うことなど、ありえようか?」

遠征同行を受諾した者の名簿をモンジュから受けとったナポレオンは、「学士院の三分の一がわたしたちに同行するというのか！」と驚きの声を上げた。

三分の一は少々おおげさである。それでも、一七九八年五月一九日にトゥーロンを後にしたフランス艦隊は、二〇〇〇基の大砲だけでなく、一七五名の「学のある文民」も乗せていた。水夫と兵隊たちは彼らを、逆説的なユーモアをこめて「驢馬(ろば)」とよんだ［フランス語で驢馬は劣等生と同義語］。学者だけでなく、精密器機と科学装置がいっぱいにつまった多くの木箱と、それまでにフランス国内で出版されたエジプトにかんするすべての書籍も積みこまれていた。[2]

いやはや、この戦争はほかのどのような戦争とも違っていた。これを指揮する武人が、ほかのどのような武人にも似ていなかったように。出発時に五一歳であったドミニク＝ヴィヴァン・ドゥノンも遠征隊の一員であった。ドゥノンは、革命前はサンクトペテルブルクのフランス大使館秘書官などをつとめたこともある元外交官だった。だが彼は器用にデッサンをこなす版画家でもあった。両シチリア国王に仕えていた時代に目にした、古代の壺やポンペイの壁画に描かれているポルノ風のきわどいシーンを版画にして、謹厳なロベスピエールによる恐怖政治が猛威をふるっていたときにこっそりと売っていたことで知られている。彼はうまくジョゼフィーヌにとりいり、ボナパルトの知己を得ることに成功し、エジプト遠征にくわわった。エジプトでは仲間の「学者」たちとともに兵士の厳しい生活を経験し、軍隊についてナイル川をさかのぼり、アスワンまで到達した。

五〇歳代にして、驚くべきバイタリティーを見せたドゥノンには感心するほかない。なぜなら、彼はたえずスケッチしていたのだ。神殿やオベリスクやモニュメント、刻文を目にすると、すぐに鉛筆か筆を取り出した。こうして彼は資料としてはかりしれない価値をもつ大量のデッサンを描きため、ヨーロッパではだれも見たことがない事物をフランスに土産として伝えることになる。エジプト遠征に同行した学者たちの業績は、『エジプト誌』という、前代未聞で今日でも比類なき価値を誇る叢書として結実する。一八〇九年から一八二九年にかけて二三冊が配布されたこの叢書は、フランソワ・ジョマール［エンジニア、地理学者、考古学者］などが執筆し、エジプト遠征における学術調査をまとめたものであるが、なんといってもドゥノンの精密なデッサンによる銅版画がすばらしい。一世代の欧州人全員が、見事な挿絵で飾られたページを繰っては感嘆し、古代エジプトを夢見た。この時代、ごく一部の人々だけが、ローマを訪れてローマ時代にエジプトから運ばれたオベリスクを見る、もしくはその他の都市で古代エジプトの浅浮き彫りや、彫像をいくつか見ることができた。それが、せいぜいだった。ドミニク＝ヴィヴァン・ドゥノンの銅版画が欧州人に明かしたのは、エジプト文明の全容であった。この文明をドゥノンが視覚化し、ボナパルトが設立したエジプト学士院の学者たちは文字で描写したのだ。

しかしながら、一つの大きな盲点が残っていた。ドゥノンらは、何が書かれているのか理解できぬままに、モニュメントに残された刻文を驚くほど精密に書き写したのだ。

これを読解しようとした学者たちはドゥノンよりも理解できたのだろうか？　そんなことはまったくなかった。

ボナパルトが印刷工を同行させたのは、現地においてフランス語で新聞を印刷することを考えていたからだった。こうして生まれたのが「ル・クリエ・デジプト［エジプト便り］」であった。欧州に到達した数少ない版の一つ、革命暦七年実月二日（一七九九年八月一九日）版によって、フランス国民はある発見があったことを知るが、当初はだれもその重要性に気づいていなかった。

一七九九年の夏、フランス軍はオスマン帝国の古い砦を「ラシッド」から「ジュリアン」に改名したうえで、その強靱化に取り組んでいた。少々荒廃していたこの要塞は、アレクサンドリアから七〇キロの距離にある、ナイルデルタの町ロゼッタの近くに位置していた。シトワイヤン・ブシャール［革命後のフランスでは、ムッシューやマダムは廃止され、市民（男性はシトワイヤン、女性はシトワイエンヌ）に置き換えられた］という工兵隊将校が工事を指揮していた。ある場所で壁の残骸を撤去していた兵士の一人がふり下ろした鶴嘴（つるはし）が硬い石にあたった。兵士は仲間数人の手を借りて、縦一メートル、横七五センチのほぼ長方形をした黒い花崗岩の塊を掘り出した。よばれてやってきたブシャールはこの石をじっくりと眺め、一面に文字がきざまれていることを認めた。ここでは、「ル・クリエ・デジプト」の記事を引用するのが適切であろう。「きれいに磨かれた片面には、平行な三段に分かれて、異なる言語が刻印されている。最初の、すなわちいちばん上の段はヒエログリフで書かれている。一四行にわたって文字がならんでいるが、石が欠けているので一部は失われている。二番目の、すなわち真ん中の段には、古代シリア語と思われる文字がならんでいて、数えると三二行ある。三番目、すなわちいちばん下の段はギリシア語で書かれている。数えると五〇行あり、上の二つの刻文もそうであるが、非常に細かく明解に彫りこまれて保存状態がきわめてよい文字がつらなっている」

「ムヌー将軍は、ギリシア語の刻文を部分的に翻訳させた。かいつまんでいえば、プトレマイオス・フィロパトルがエジプトのすべての運河を再開させた、この君主がたいへんな数の労働者を動員、巨額の資金を投じ、その統治の八年間をかけてこの大規模工事を終えた、と書かれている。この石碑はヒエログリフ研究にとってたいへんに大きな意味をもっている。ヒエログリフ解読の鍵をついにあたえてくれるのではないか」

「シトワイヤン・ドープール（Dhautpoul）[3]の麾下、ラシッド砦の工事を指揮していた工兵隊将校のシトワイヤン・ブシャールは、この石碑をカイロに運ぶ任務を託された。現在、石碑はブーラークにある」

ヒエログリフ研究の鍵！　こうして「ル・クリエ・デジプト」はいい、の一番に、やがて多くの学者がかなえようと努めることになる希望を表明したのである。

残念なことに、この発見を報じた「ル・クリエ・デジプト」が印刷されてから二日後、ボナパルトはこっそりとアレクサンドリアから上船してフランスへと発ってしまった。ナポレオンはフランスに到着するとクーデターを成功させて、霜月（ブリュメール）一九日に共和国第一コンスルとなり、その四年後には皇帝として戴冠する。

ナポレオンによってエジプトに置きざりにされたフランスの遠征軍は、勇猛な戦いぶりを見せたものの武運つたなく、イギリス軍に降伏した。「ロゼッタストーン」は、ターナー少将によって押収され、ロンドンに運ばれて大英博物館におさめられ、現在もそこにとどまっている。フランスにとって唯一幸運だったのは、エジプト遠征に同行した「学者」たちがこの石碑の写しをとっていたことだ。この複製はフランスにぶじに届いた。

この複製がなんと大きな夢をかきたてたことか！

†

石碑にきざまれた三つのテキストが同じ内容を三つの言葉で表記したものであることは明らかだった。ギリシア語の知識はあるので、一つ一つの言葉をこれに相当するヒエログリフの言葉と対比すれば、古代エジプトの書き言葉のアルファベットが明らかになるはずだ。これは、ロゼッタストーンもしくはその複製の研究に取り組んだ者すべての頭に浮かんだ考えであった。

だが、これは単純すぎるアイディアであり、まったくもって見当違いであることが明らかになった。比較検討しようにも、ヒエログリフはどのような書き言葉とも似ていなかった。イギリス人たちがロゼッタストーンそのものと取り組む一方で、フランスがもち帰った複製はシャプタル内務大臣によって有名な東洋学者シルヴェストル・ド・サシに託された。その折にド・サシは、ヒエログリフを解明せよ、とシャプタルから厳命された。

その頃までにすでに、いちばん上の段はいわゆるヒエログリフ――シンボル［表意文字］であるか否(いな)かは不明であるが、人、動物、植物、果物、武具、幾何学形や服などを描いた絵文字――で書かれている、とエジプト学士院の学者たちは気づいていた。真ん中の段は、エジプト人が紀元前数世紀前からエジプト語を表記するために用いていた、ヒエログリフよりも簡略なデモティック［民衆文字］で書かれている、と認められた。ヒエログリフで文章を綴るにはひどく時間がかかったので、よりシンプルで速く綴ることができる書き言葉が誕生したのだ。

いちばん下の段はギリシア語であり、前一九六年春にきざまれたことがわかった。「ル・クリエ・デジプト」が伝えた要約は早とちりであり、内容はファラオのプトレマイオス五世エピファネスをたたえて祭司会議が出した布告文であった。

石碑解読に熱心に取り組んだシルヴェストル・ド・サシは、デモティックによるテキストのなかで、プトレマイオス、アレクサンドロス、アレクサンドリア、アルシノエ、エピファネスを意味する文字群を特定することができた。

だがド・サシはほどなくして、それ以上は解明することができず、自分は壁にぶつかったことを悟った。デモティックで行き止まりであった。ヒエログリフの意味を推定するために、あらゆる仮説、言語上の結びつきを試してみたが、いずれも失敗した。

ド・サシは、スウェーデンの高名な考古学者、ダヴィド・オーケルブラドの協力を仰ぎ、それまでの研究成果にもとづいて、デモティックは表音文字であることは確実だ、と伝えた。オーケルブラドはド・サシのこの意見に同意した。彼もいくつかの言葉を読み解くことに成功したが、いきづまりを認めて解読をあきらめた。ヒエログリフはその秘密を明かすことを拒否した。

　この秘密は、一八二二年九月一四日に「わかったぞ！」と叫びながら兄の執務室に飛びこんだ風変わりな男が登場するまで、かたくなに守られる。

†

　歴史を語るときは、興味深いエピソードに触れることをおそれてはならない。それどころか、画期的な展開を照らし出し、強調するエピソードであるなら積極的にとりあげるべきだ。

　一九世紀末、ドイツ人女性のヘルミーネ・ハルトレーベンはジャン＝フランソワ・シャンポリオンの業績に強い関心をいだいた。彼の人生にかんするまともな著作が一つも存在しないことに気づいた彼女は、自分が伝記を執筆してこの穴を埋めよう、と決意した。ハルトレーベンは資料を求めてフランス国内のあちらこちらを訪ね、友人や家族・親戚など、ジャン＝フランソワ本人と交流のあった人々を探しあてた。そして、ジャン＝フランソワが兄とかわした膨大な量の手紙を発見した。彼女が一九〇六年に発表した伝記は、史料編纂の記念碑的成果として現在もその価値を保っている。このシャンポリオン伝が一九八三年にようやく仏訳されたという事実には驚きを禁じえない[4]。

　ヘルミーネ・ハルトレーベンがジャン＝フランソワ・シャンポリオンの誕生に先立つ不思議なエピソードを知ったのは、フィジャック（ロット県）で粘りづよく調査したお蔭（かげ）である。

フランス革命の初期、フィジャックで書店を経営していたジャック・シャンポリオンの妻は、リューマチによる激しい苦痛に襲われていた。彼女の体のすべての部分、とくに四肢は、少しずつ硬直が進んだ。一七九〇年一月に、全身麻痺となったシャンポリオン夫人は寝たきりとなってしまった。医師にも見放され、死を待つばかりとなった。

ジャックは妻を愛していた。夫婦は娘三人と息子一人の四人の子持ちであった。男児は三人生まれたが、生き残ったのは一七七八年生まれのジャック＝ジョゼフだけであった。絶望にくれたジャック・シャンポリオンは、理性を重んじる人間であったにもかかわらず、小さな町であるフィジャックの住民が「魔法使い」とよんでいるジャクーという男に最後の望みを託すまでに追いつめられた。ジャクーには驚くべき知識があり、多くの人の治癒で実績を上げている、といわれていた。

ジャクーがシャンポリオン家を訪れた。彼は持参の頭陀袋（ずだぶくろ）のなかから薬草を取り出し、加熱するように指示し、薬草を敷きつめた上に病人を寝かすよう求めた。家人が指示どおりに動いているあいだ、ジャクーは煎じ薬を用意し、一部を夫人に飲ませて残りを彼女の体にすりこむよう夫に伝えた。シャンポリオン家を辞するとき、ジャクーは、病人は「完全に、かつ迅速に」回復する、とうけあった。それだけでなく、快復した夫人は「今後の数世紀を照らす」ことになる男児を産むだろう、と告げた。

ヘルミーネ・ハルトレーベンは、複数の人が異口同音に語った話として、三日後にシャンポリオン夫人は起き上がれるようになり、「八日後には自宅の階段を走って上り下りできるようになった」と伝えている。フィジャックの町民全員が驚き、感心した。ジャクーの予言の前半が実現したのだから、後半も同じように実現するだろう、との期待がふくらんだ。

一七九〇年一二月二三日の朝二時ごろ、シャンポリオン夫人は男児を産んだ。とても元気な赤児だったので、厳寒にもかかわらず、生まれてから数時間後に教会につれていかれ、ジャン＝フランソワという名で洗礼をさずかった。

一家のかかりつけの医師は、ジャン＝フランソワの目の強膜［いわゆる白眼の部分の被膜］が黄色であることに気づくことになる。これはヨーロッパではまれだが、オリエントではよくみられる現象である。肌は浅黒く、オリーブ色がかっていた。顔の輪郭もオリエントを連想させるものだった。以上は、ジャン＝フランソワがオリエントと深い絆をもつことを運命づけられていた証拠、というべきだろうか？　それとも、一部の人が信じているように、彼は古代エジプト人の生まれ変わりだった、というべきだろうか？

彼はフランス革命のさなかに幼年期をすごした。自由への欲求が高まるのを肌で感じ、ラ・カルマニョール［フランス革命期を代表する歌］の歌声を聞いて育った。彼にラテン語、古典ギリシア語、自然史を手ほどきしたのは、フランス革命政府に宣誓することを拒否した年老いた聖職者であった［こうした聖職者の多くは革命期に迫害の対象となった］。

兄のジャック＝ジョゼフも秀才として名高かったが、ジャン＝フランソワは神童であった。ミサ典書を手がかりにして、だれにも教わらずにたった五歳で字を読むことを覚えた。びっくりした両親に、暗記した祈りと、その祈りが掲載されているミサ典書のページを比べるだけでわかるようになった、と説明した。ジャン＝フランソワにとって、一つの言語を「解読」したはじめての経験だった、といえよう。

一一歳のときに、知識量で年老いた教師と肩をならべ、もう教えることがない、といわれた。哲学と考古学に大きな関心をいだいていた兄は、弟をグルノーブルにつれていくことにした。このときから、兄は弟の才能にかぎりない称賛の念をいだいてサポートすることになる。実際、弟にはそれだけの価値があった。一一歳でギリシア語もラテン語も習得し、ウェルギリウス［ローマ時代を代表する詩人］やホメロスの作品を何ページにもわたって暗唱することができた。自分の楽しみのためにヘブライ語を勉強しはじめると、周囲をあっといわせるスピードで覚えた。ジャック＝ジョゼフ・シャンポリオンはこの時点で、弟はなみはずれた人物になる、と確信した。ゆえに、シャンポリオンの名前を弟だけに使わせ――この名前が弟のお陰で有名になることを信じて疑わなかった――、自分はシャンポリオン＝フィジャックを名のることにした。

このころのイゼール県知事は、ほかならぬジャン＝バティスト・フーリエであった。物理学者および数学者であったフーリエは、ボナパルトに随行してエジプトを訪れた学者の一人である。ナポレオンが新設したエジプト学士院では事務局長をつとめ、有名な『エジプト誌』の序文を執筆した。フーリエ知事は、ジャック＝ジョゼフが弟を入学させた中学を視察に訪れた折に、何人かの生徒に質問した。そのうちの一人であったジャン＝フランソワの知識、というよりも早熟な秀才ぶりにたいへんに驚いた知事は、彼を自宅に招き、ボナパルトの遠征からもち帰った古代エジプトの文物、蒐集していたパピルスのコレクション、ヒエログリフがきざまれた石版を見せた。ジャン＝フランソワが「どう読むのかわかっているでしょうか？」と訪ねると、フーリエは悲しそうに頭を横にふって「いいや」と答えた。すると少年は「ぼくが読んで見せます！　何年かして大きくなったら読んで見せます！」と言った。

子どもの夢にすぎない？　そうでなかったことは、後世が知るとおりである。ジャン＝フランソワの好奇心には際限がなかった。兄は、弟の探求と勉学には規律が欠けていると思い、その点を直してほしいと思った。しかし、ジャン＝フランソワの関心は、ありとあらゆることに向けられ、対象をしぼることを拒否した。一二歳ではじめての著作をものにしたが、その主題は『有名な犬の歴史』という思いがけないものであった。執筆するにあたって参考にした本の著者たちが数多くのエピソードにかんしてバラバラな年月日をあげていたので、ジャン＝フランソワは頭を整理するために『アダムから小シャンポリオン［ジャン・フランソワ本人のこと］までの年表』を作った。

一三歳になったジャン＝フランソワはアラビア語、古代シリア語、カルデア語を勉強しはじめた。こうした言語を数か月で習得しただけでは満足しきれず、コプト語も勉強することにした。このコプト語を選んだことには大きな意味がある。当時、コプト語は忘れさられた古い言語の一つであった。この言葉を学んでみようかと考えるのは、ほんのわずかの博学な人――酔狂な人間とよぶべきかもしれない――だけだった。しかしながらコプト語は、変化してしまったものの古代エジプト語の唯一の生き残りである。ジャン＝フランソワ・シャンポリオンがこの言葉を習得しようと決心したのは、彼がすでにエジプトに照準をあわせていたからなのだ。

ジャン＝フランソワが中学生ながら、すでにヒエログリフ解読を心に誓っていたことを忘れてはならない。だが宿題をこなし、決められた科目を勉強しなければならない中学生にとって自由になる時間はかぎられていた。しかし彼は、こうしたかぎられた時間を使って、現在でも使われている言語も、もはや話者がいない言語ものにした。しかも独学で！　そして古典中国語の勉強まではじめた。一部の学者が――なにを血迷ったのか――、エジプト文明は中国に起源をもつ、もしくは、その逆で中国文明はエジプトが起源だ、と主張していたからだ。さらには、アヴェスター語［古代ペルシア語の方言の一つ］、パフラヴィー語［中期ペルシア語］、パールシー語［アラム文字ではなくペルシア文字で書かれた中世ペルシア語］にも挑んだ。これだけの言語を学び、覚えることができる少年の途方もない才能に驚愕（きょうがく）したフーリエ知事は、彼が必要とするテキストを入手してあたえた。ジャン＝フランソワの手もとにある資料はしだいに信じられないほどの量となった。しかも、彼にはもう一つの才能があった。分類の才能である。かくして、彼が収集した情報は本人の手で細かに分類された。

ナポレオンが欧州大陸を征服し、兄弟たちを各地の王座につけているあいだ、ジャン＝フランソワ・シャンポリオンはオリエントの研究に没頭した。一八〇六年、一六歳のジャン＝フランソワは『オリエントの地理事典』を編んだ。

このような労作の評判はグルノーブルのアカデミーにもとどいた。かつてのフーリエ知事と同じように、アカデミー会員たちも驚き、関心をいだいた。そこで、ジャン＝フランソワを招いて話を聞くことにした。彼らはこれを、たんに少年にスピーチをさせる機会、ととらえていた。この時代の学のある人間にとって必須であった弁論のお手なみを拝見しよう、というつもりだった。だがジャン＝フランソワはそのように考えていなかった。美しい言葉をつらねた弁論を用意するかわりに、彼は「カンビュセスによる征服以前のエジプト地誌」という本格的な論文を書いた。グルノーブルのアカデミーで全編を朗読することは不可能だった。数回に分けなければむりな話だった。そこで、導入部分のみをアカデミー会員たちの前で発表することにした。

ジャン＝フランソワは一八〇七年八月二七日、リセの終業式、彼にとっては中等教育の終了を祝う祝典に出席した。帝政時代のリセを特徴づける軍隊式の鉄の規律に大いに苦しんでいたジャン＝フランソワは、ついに解放された、と安堵した。その後、歴史上ほかにはあまり例がないと思われる急激な場面転換が起こる。八月二七日にリセを卒業したばかりのシャンポリオンが、九月一日にグルノーブルのアカデミーで自分の論文の導入部を朗読したのだ！

演壇にのぼった若者はすらりとした細身で、眉目秀麗なほうであった。実年齢よりもおちついた風貌であり、彼の知的探求をつらぬく自信が話しぶりにも見てとれた。発散される成熟した雰囲気ゆえに、ついこのあいだまでリセで机をならべていた同年齢の若者とは比べものにならなかった。くわえて、彼は生まれてはじめて恋心をいだいていた。兄はこの年の夏に、ゾエという名の魅力的な女性と結婚した。ジャン＝フランソワは、このゾエの妹のポーリーヌにたちどころに惹かれた。彼女はジャン＝フランソワより六歳年上であった。フィジャックでの結婚式で、花嫁は義弟となるジャン＝フランソワの浅黒い肌を始終（しじゅう）からかっていた。ゾエはこの日の朝、今日くらいは顔を白くぬっておくべきだったんじゃないの、と笑いながら言った。ポーリーヌもこれに同調した。これが熱烈な恋のはじまりとなった。

　ジャン＝フランソワは何か月も恋心を自分の胸一つにおさめていたが、ついに兄に打ち明けた。同時に、親戚の女性の一人にも。兄からの返信に弟は悲嘆した。「もっと早く打ち明けてくれたら、おまえは心の重荷からもっと早く解放されたろうに。だが、このような告白は、声に出すというよりは察せられるものだと思う。おまえのポーリーヌに対する思いはごく自然なものだ。しかしおまえにひとことといわなければならない。セザリーヌ〔親戚の女性〕への手紙のなかで、これについてふれたのはまずかった。直接かかわりのない人は、こういったこと〔恋愛ざた〕をつねに悪くとってしまう。（…）ポーリーヌは非常に腹をたて、その結果、セザリーヌといっしょになっておまえの手紙とおまえの気持ちのことを笑い飛ばした」。一六歳の少年が、恋する相手が自分のことをばかにした、と聞かされたのだ。この年齢の者にとってこれほど残酷なことはあるまい。兄の手紙には、弟のやり口の拙（つたな）さから論理的に引き出された結論もふくまれている。「波風立てずに彼女とのことを終わらせるには慎重さが必要となるだろう。おまえが求めるなら、アドバイスをおしまない。できるだけめだたぬようにすることが大切だ[5]」

これ以降、ポーリーヌがジャン＝フランソワの生涯に登場することはない。しかし、彼が兄と一八〇九年一一月までにかわした手紙にはポーリーヌへの言及がいくつかみられる。そこには、友情以上の感情は読みとれない。その後、もう一人の女性との出会いが失恋の痛みをすっかり消しさることになる。一〇代の恋とはそのようなものだ。ポーリーヌは一八一三年に二九歳で亡くなる。

話を戻そう。ジャン＝フランソワがグルノーブルのアカデミー会員の前で読んだ論文はあまりにもすばらしかったので、拍手喝采が鳴りやまなかった。会員たちは全員一致で、まだ一七歳にもならない青年のアカデミー加入を決定した。

会長のルノドンは次のように歓迎の言葉を述べた。「あなたの若さにもかかわらず、アカデミーが会員の一人としてあなたを迎えるのは、あなたがなしとげたことを評価するからですが、それ以上に、あなたの可能性に期待しているからです！　あなたがアカデミーの期待に応え、いつの日か業績によって名声を得たとき、あなたの才能をはじめて認めて激励したのがこのアカデミーであったことを思い出していただければ幸いです」

†

いまや、グルノーブルでは学べないことを求めて、別天地をめざさねばならない。ジャン＝フランソワは兄とともに乗合馬車でパリに向かった。当時、グルノーブルからパリへの移動はおおごとであり、七〇時間もかかった。シャンポリオンの伝記作者の一人は、乗合馬車の快適ではない座席に腰かけて夢想にふけるジャン＝フランソワを次のように描いている。「彼の目の前で黄色いパピルスが踊り、一二の異なる言語が彼の耳に話しかけ、一面にヒエログリフがきざまれた石が彼のまわりにおしよせていた。彼はそのなかに、黒い玄武岩の石碑を認めた。フーリエ知事に暇乞いしたときにはじめて目にしたロゼッタストーンだ。そこに記されていた刻文は彼の心をとらえて離さなかった[6]」

当然のことであるが、フーリエ知事のところで目にしたのはロゼッタストーンの複製であったが、シャンポリオンはたえずこの石碑のことを考えていた。その解読に挑んだ――全員が挫折したが――学者たちと同様に。

この乗合馬車のなかでジャン＝フランソワは兄のほうに身を傾けて、「ぼくはヒエログリフを解読してみせる！　できると確信しているんだ！」と叫んだ、という話が伝わっている。

ほんとうに兄に向かってこのように宣言したかどうかは別として、彼がそのように考えていたことは確実だといえる。

彼がパリできわめたいと熱望していた勉学に適しているのは唯一、フランソワ一世が設立し、革命による解体を奇跡的にまぬがれたコレージュ・ド・フランスであった。全ヨーロッパから称賛されていたこの教育機関の教授のうちには、シルヴェストル・ド・サシもふくまれていた。

シャンポリオンは生涯ではじめて、ほぼ完全な孤独のなかで暮らすことになった。兄は、弟から秘めた恋の打ち明け話を聞いたのちにグルノーブルに戻ってしまった。父親がわりでもあった兄はいなくなり、恋する女性ははるか遠くだ。ジャン＝フランソワにとって、これは耐えがたいことだった。夜になると、さびしい部屋のなかでこらえきれぬ涙を流した。「ぼくはひとりぼっちだ。つきあっていて好感がもてる人たち、自分の好みにあったものに囲まれているとはいえ、ぼくはおそろしいまでの虚しさをおぼえる。勉学と研究のみがぼくの心と思考を逸らし、ぼくの魂に少しの安らぎをあたえてくれる。これがぼくにとって唯一の薬であり、唯一のやるべきことだ」

コレージュ・ド・フランスの講義がはじまるまでのあいだ、彼は国立図書館に長時間こもり、所蔵されているコプト語の文書をすべて閲覧することに慰めを見いだした。「ぼくはコプト語に全身全霊を捧げている。ぼくはこのエジプトの言葉をフランス語と同じように知りつくしたい。古代エジプトのパピルスにかんするぼくの壮大な研究の基礎となるのはこの言葉だからだ…。ぼくはすっかりコプト浸りとなっているので、頭に浮かぶすべての考えをコプト語に訳して楽しんでいる。この言葉をわかる人はだれもいないので、ぼくはコプト語を一人でしゃべる。これこそ、コプト語をぼくが習得するための真の手段なのだ。習得し終わったら、いよいよパピルスに挑戦だ。ぼくの英雄的な努力のおかげで目的が達成されることを願っている。ぼくはすでに大きな一歩をふみだした[7]」

シャンポリオンはパリでフーリエと再会した。以前と変わらずにシャンポリオンの学究を支援したいと考えていたフーリエは、考古学者のジョマールを筆頭に、『エジプト誌』出版委員会のメンバーに彼を紹介した。ジョマールは、無名の若者を好意的に迎え入れた。しかし、シャンポリオンが自身で作成した古代エジプトの地図を披露したことで事情が変わった。この地図が、自分の研究成果よりも完成度が高かったのは、ジョマールにとって面白くないことだった。やがて、ジョマールの敵意はシャンポリオンにとって重石（おもし）となる。

コプト［エジプトのキリスト教徒］がパリにいる、と知ったときのシャンポリオンの驚きは大きかった！　しかも、一人の司祭がサン＝ロック教会で、コプトのためにコプト語で定期的にミサをあげていることがわかったのだ。これらのコプトは、エジプト遠征時のナポレオンに加担したために、報復をおそれてナポレオンの後を追うようにしてフランスに亡命した人々だった。ジャン＝フランソワは、彼らの何人かと親しくなり、いまやフランス語と同じように流暢に話せるようになったコプト語で会話し、エジプトの地理について質問攻めにした。コプト語もアラビア語も駆使しての交流であった。ある日、シャンポリオンは兄に次のように書き送った。「昨日、イブン・サオイーアはぼくのことをアラブ人だと思いこみ、サラマート［平安を］とあいさつしてきたので、このような場合に適したあいさつを返したところ、礼儀作法にのっとったごていねいな文言を数かぎりなくつらねてぼくを圧倒した…」

一八〇七年の終わり、彼は大著『ファラオ治世下のエジプト』を執筆した。この著作は七年後に出版され、絶賛される。もし完成した時点で発表したのなら、同じ絶賛を浴びたのは一七歳の青年だったはずだ。

シャンポリオンはシルヴェストル・ド・サシの知己を得た。彼はド・サシのような大御所を前にしてもまったく動じず、滔々と語って相手の心をとらえ、著作の序文を手渡した。ド・サシはのちに、この若者から自分がどれほど「強い印象」を受けたかを語ることになる。ヒエログリフにかんして、ド・サシは自分の挫折を認め、フランスで――そして外国で――これまで行なわれた試みはいずれもたいした結果をもたらしていない、と強調した。それどころか、ヒエログリフの謎はますます不透明さを増している、とも。

だが、そうした現状を聞かされてもジャン＝フランソワは匙を投げようとしなかった。彼は憑かれたように図書館、コレクション、博物館を訪ね歩いた。そして、サンスクリット、アラビア語、ペルシア語――なお、ド・サシはアラビア語で書かれた文学の研究で名声を得たにもかかわらず、ペルシア語を「オリエントのイタリア語」とよんで偏愛していた――の文書に没頭することに喜びをおぼえた。

シャンポリオンは、もっとも著名なアフリカ探検家であるムナンクールにも会い、彼を驚かせた。ムナンクールは「彼［シャンポリオン］はわたしが踏破した国々を、わたしよりもよく知っている！」との感想をもらしている。

シャンポリオンはコプト語を完璧にマスターしたので、コプト語で日々の覚え書きを綴るようになった。だいぶ時がたってのことだが、ある博学な人物がコプト語で書かれた手書き文書を発見して、これを「ネルウァ＝アントニヌス朝［ローマ帝政中期の帝室家系］時代のエジプトの古文書」だとして発表した。この「大発見」がシャンポリオンの残した覚え書きだと気づいたときは後の祭りだった…

シャンポリオンは物質的欲望とは無縁だった。屋根裏部屋で寝起きし、服装は貧乏人さながらで、ろくに食事をとらなかった。それでも、いくらかの金銭は必要であり、兄の送金に頼った。しかし兄も手元不如意（てもとふにょい）であり、弟に出費を抑えるよう頼んだ。そこで、ジャン＝フランソワはますます食事をぬくようになった。次の冬――厳冬で非常に湿気が高かった――、シャンポリオンは咳をするようになった。結核のサインであった。この時代、結核に有効な治療はなかった。

このころ、ナポレオンの野心が必要とする軍隊の規模は大きくなるばかりだった。一八〇八年、ジャン＝フランソワは徴兵の対象となることをおそれた。これは彼にとって大災厄だった。鉄砲を撃ちながらヨーロッパ中をかけめぐると考えただけで、文字どおりパニックにおちいった。なによりも、大好きな勉学を中断しなければならないと思うと、気が遠くなった。「頭がおかしくなる日がある！」と兄に書き送っている。

今回も、兄が弟のために一肌脱いだ。官公庁で高い地位についている友人たちに手紙を書き、さまざまなよびかけを行ない、署名運動も起こした。ジャン＝フランソワが病弱であるうえ、重要な研究を手がけている、と訴えた。最終的に、知力が体力以上の価値を認められ、シャンポリオンは兵役を免除された。

二つの世界観がぶつかりあったことになる。ナポレオンはヨーロッパ征服を夢見ていた。これに対してシャンポリオンは一つの文明を再征服しようと奮闘していた。

ジャン＝フランソワはまだロゼッタストーンに正面から挑んでいなかった。とうとう、多くの先人が挑んだこの石に彼も向きあう日が来た。そのために、ロゼッタストーンの最新の複製を手に入れて仕事にとりかかった。そしてたちまち、一連の文字を特定することができた。自分の方向性はまちがっていない、と胸を躍らせた。

ある日のこと、彼はコレージュ・ド・フランスに行く途中で、非常に興奮したようすの友人と遭遇した。

「ヒエログリフが解読された！」

そう聞かされたシャンポリオンは青ざめ、よろめいた。自分の生涯の夢だったのに、先を越された！　でもいったいだれが？　そこでシャンポリオンは友人にたずねた。「だれが？」

「アレクサンドル・ルノワール」と答えた友人は、ルノワールが『新解釈』と題する冊子を出版したところだ、と教えてくれた。この冊子には、ヒエログリフを全面的に解読する方法が掲載されている、とのことだった。

ジャン＝フランソワはひどくとまどった。彼はルノワールを一年前から知っていた。前日も会ったが、なにも言っていなかった。

彼は駆けだして、書店に飛びこむと、ルノワールの冊子を買い求め、これを手に走って家に戻った。数分後、隣人たちは喚き声を耳にして心配したが杞憂であった。喚き声に聞こえたのは、じつは笑い声であった。ソファに転がり、ジャン＝フランソワは腹をかかえて笑っていた。ルノワールが発表しているのは危なっかしい仮説ばかりで、どれをとっても、ヒエログリフをおおう秘密のヴェールの片すみすらもちあげるものではなかった。シャンポリオンはゆえに、またも叫び声を上げた。「ぼくたち二人のどちらが先にヒエログリフを解読するか競争だ！」

だが、シャンポリオンがこの目的を達成するのは一二年先のことだ。

ヒエログリフという難問の答えにやがてつながる仮説が頭のなかにおぼろげながら姿を現わしはじめたころ、一八歳になろうとしていたシャンポリオンは突然恋に落ちた。かつて彼の心のなかでポーリーヌが占めていた場所に入りこんだのはルイーズであった。わたしたちは、このルイーズ・デシャンについてほぼなにも知らない。わかっているのは、彼女が人妻であり、戦争省の役人である夫はかなり年上だった、ということくらいだ。二人の馴れ初めは？ またたくまに熱情へと変わった恋の経緯とは？ 不明だ。ルイーズのほうは？ すくなくとも相思相愛だったのだろうか？ 正確なところ、二人の関係はどのようなものだったのだろうか？ 不明だ。ジャン＝フランソワの熱い思いはすくなくとも二年は続いた。あまりにも熱烈な恋情であったため、純粋な学問をひたすら愛していたジャン＝フランソワもいっときは愛する女性と親しくなるためなら研究を投げだそうとまで考えた。一八〇九年一〇月に彼女と別れたものの、その一八か月後、帰郷してグルノーブルにいたジャン＝フランソワは、彼女に手紙を届けようと試みている。わたしたちが知っているのは、寡婦となっていたルイーズが二年後に再婚したことだ。相手はジャン＝フランソワではなかった…[8]

シャンポリオンは優秀な成績をおさめて卒業し、博士の称号を獲得した。一八〇九年七月一〇日、彼はグルノーブル大学の自然史の教授に任命された。新米の大学教員はまだ一八歳であった。翌年には、グルノーブルのアカデミーで論文を発表し、ヒエログリフが表音文字としても使われている可能性に言及している。

本人が予測もしていなかったことだが、政治が彼の愛する研究に影響をおよぼすことになる。シャンポリオンは、国の姿はかくあるべき、という意見をもっていたのだろうか？　じつはもっていた。一二歳のときにすでに、彼の言動のすべてでみられる強い信念をもって、自分が好む政治体制は共和制である、と宣言していた。

そして独裁を忌み嫌っていたので、反ナポレオンであった。だが皇帝ナポレオンの威光はゆらぎはじめた。ロシア遠征の失敗はナポレオン失墜の引き金となり、その後のドイツでの戦いはナポレオン凋落の流れを強め、防衛一方となったフランス国内での戦いに敗れると、皇帝としてヨーロッパに君臨していたナポレオンはエルバ島の領主という身分に落ちた。シャンポリオンは王政復古を歓迎した。だが、もう過去のものと考えていた保守主義や旧弊な精神にフランスが染まるのをまのあたりにすると、首をかしげた。ナポレオンに反発していたことを忘れ、ナポレオンがフランス革命の遺産の継承者を自負していたことばかりを思い出すようになった。

シャンポリオンは自身について、「弱点」は心である、と述べたことがある。ポーリーヌの死は彼のうちに、初恋のノスタルジックな思い出をかきたてたにちがいない。ルイーズ・デシャンの再婚は、彼に大きな痛手をあたえた。そして、ナポレオンがエルバ島に流され、ルイ一八世がパリに戻ってきたころ、シャンポリオンはふたたび恋に落ちた。今回のお相手は、親しい人たちからロジーヌとよばれているローズ・ブランという娘であった。彼女の父親は、グルノーブルの手袋製造業者、すなわち名士であった。シャンポリオンはロジーヌに気持ちを打ち明け、色よい返事をもらった。だが、娘の父親は、二三歳にして月に七五〇フランしか稼げない大学教員であるうえに、ジャコバン［革命派］だと噂されている男との結婚なんてとんでもない、と一蹴（いっしゅう）した。

シャンポリオンは、彼自身が考えていたほどロジーヌを愛していたのだろうか？　確実なことはわからない。いずれにせよ、ブラン氏に反対されたことで彼の自尊心は傷つき、求愛が認められるまで粘ろうという気持ちに火がついた。それから五年間、ロジーヌは彼に手紙を書きつづけ、ほかのだれも愛することはありません、と誓った。五年間、シャンポリオンは粘った。そうすることは正しかったのだろうか？　後になって、彼はロジーヌについて次のように書いている。

「一六歳のとき、あらゆる外見的な美点と素養に恵まれていた彼女は、ほぼ修道院のような学校で受けた教育が当然のようにもたらす結果である単純さと警戒心をもって大人の仲間入りをしました。わたしは、彼女の世間ずれしていないところと、無邪気なふるまいに大いに惹かれました。わたしはロジーヌの注意を引くことを狙いました。彼女は、彼女に可能なかぎりわたしを愛しました…」。この手紙を信じるのであれば、シャンポリオンの彼女に対する関心は早い時期にしぼんでしまった。「彼女はわたしを愛しました。彼女なりの愛で。わたしの気持ちが冷めていることが明らかになっても、彼女はわたしを好ましく思う気持ちを公然と表明しつづけました。わたしは、二人の性格の一致点はほぼ皆無であるということを彼女にわからせようと、あらゆる手をつくしましたが効果はありませんでした」

ほんとうにシャンポリオンはあらゆる手をつくしたのだろうか？

†

いずれにせよ、ナポレオンがエルバ島から戻ってきたとき、ジャン＝フランソワは有頂天となった。彼は、自分のすべての行動に論理的な意味づけをあたえなければすまない質（たち）だったから、学問と知識は精神の全面的な自由が認められる場合にのみ花開く、と説明した。精神の完全な自由は必然的に政治的自由をともなう。シャンポリオンは、ナポレオンが帰還したのはフランス革命の精神を復活させるためだ、と心から期待した。

だれもが驚いた「鷲の飛翔［鷲はナポレオンの象徴、ナポレオンのエルバ島脱出と復位をさす表現］」がはじまった。一八一五年三月七日、ナポレオンはグルノーブル市に到達したが、堂々たる市の門は閉ざされたままだった。町はずれに住む車大工たちが「皇帝万歳！」のかけ声とともに門を壊した。ナポレオンは「グルノーブルまで、わたしは山師だった。グルノーブルでわたしは君主となった」と述べることになる。

ナポレオンは個人秘書を必要としていた。市長はシャンポリオン＝フィジャックを推薦したが、シャンポリオンの綴りを誤ってChampollionではなくChampoléon［これではシャンポレオンと発音することになる］と伝えた。するとナポレオンは「なんとすばらしい予兆！　この者は、わたしの名前の半分を名のっている！」と述べ、この推薦を受け入れた。

ジャック＝ジョゼフ・シャンポリオン＝フィジャックは、自分が皇帝から召し出されたと知ると、弟に同行を求めた。ナポレオンに研究について質問されたジャン＝フランソワは、現在作成中のコプト語の文法書と、最後まで完成させたいと思っているコプト語辞書編纂について語った。辞書はすでに一〇六九ページとなったが、いつになれば完成するのか先が見えない、と進捗状況を説明した。

ナポレオンはすっかり感心して、「あなたの辞書と文法書をパリで印刷させよう」と身をのりだして約束した。

ナポレオンは翌日にグルノーブルを発った。その前に図書館を訪問し、シャンポリオンとふたたび会談した、と言う者もいる。本当にしてはできすぎた話で眉唾だ、と考える向きもあるが、もっともな疑いだ［兄のジャック＝ジョゼフは図書館長、ジャン＝フランソワは図書館助手であった］。

それから先は急展開となる。百日天下はワーテルローで終わり、ナポレオンはセントヘレナ島に流された。ブルボン王家が二度目の復活を果たし、「簒奪者」の側についた者全員に対する制裁がはじまった。シャンポリオン＝フィジャックとその弟も対象となった。ジャン＝フランソワは教壇から追われた。兄弟二人は生まれ故郷の町、フィジャック居住を命じられた。この追放措置は一年半続く。兄が許されてパリへと発ったのちも、シャンポリオンはフィジャックに残って生家でコプト語辞典編纂の仕事を続けた。追放措置が解除されてグルノーブルに戻ったジャン＝フランソワは友人や知人に大歓迎された。シャンポリオンは相互学校［成績のよい生徒が教師の指導を受けながらほかの生徒の勉強を助ける、という学校］を設立して指導にあたった。やがて図書館員の仕事に復帰し、グルノーブルの科学・工芸アカデミーで「ロゼッタストーンのいくつかのヒエログリフ」にかんする論文を発表した。ヒエログリフ漬けの毎日だった…

だがいちばんのニュースは、ロジーヌの父がやっと折れたことだった！　シャンポリオンはついにロジーヌと結婚できることになったが、花婿は自分の結婚について奇妙な確信をいだいていた。一八一八年一二月三〇日にグルノーブル大聖堂でロジーヌと祭壇の前に立ったとき、シャンポリオンは自分がもはや彼女を愛していないことを知っていた。「幸福を探し求めながら、わたしは多くの人と同じくまちがいを犯した…。わたしは、自分が結婚する相手は自分の心を決して満たしてくれないだろう、というひそかな確信をいだきながら自分の人生を縛ってしまった」。そんな確信をもっているなら、なぜ結婚したのだろう？　シャンポリオンは次のように説明している。「わたしは、自分の存在そのものが危険だとみなされていた町［グルノーブル］を追放され、一二〇リユー［一リユーは約四キロ］離れた場所で一九か月間も暮らすことを強制されました。わたしの不在によってロジーヌのわたしに対する考えも意向も変わり、どう考えても必然性がないうえに、二人のどちらにも幸福を約束しない結婚の計画を彼女があきらめることをわたしは期待しました…。彼女は、わたしが不幸を味わっている以上、結婚をあきらめることは許されないと考えてしまったのです…。ロジーヌはわたしのせいで不幸を味わいました。そんな彼女をすてることなどできたでしょうか？　わたしがなにをすべきかは明白でした。切り離すことができない絆でわたしたちは結ばれています…。それゆえ、わたしは自分の人生に目的をあたえてくれる学問にいっそう身を入れました」。この奇妙な打ち明け話は、ずいぶんとあとになって彼がギリシア系イタリア人のアンジェリカ・パッリに宛てた手紙の一節である。シャンポリオンは三六歳となっていた一八二六年にこの二八歳の女性に恋をした。伝記作者ジャン・ラクチュールが鋭く指摘するように、アンジェリカの気を引くためにシャンポリオンが自分の結婚生活をことさらに暗いものとして描いた可能性は否定できない。

なんだかんだいっても、ロジーヌの父親は娘のためにかなりの嫁入り支度を整えてくれた。そのうえ、「相続分の前渡し」として三万フランの持参金がジャン＝フランソワにもたらされたのだ。当時の貨幣価値からみて、ばかにできない額である。夫婦のあいだには六年間、子どもが生まれなかったが、やっと娘が生まれても――ゾライドというオリエント風の名前が選ばれた――

シャンポリオンが赤児と対面するのは二か月後となる［一八二四年。このころのシャンポリオンはヒエログリフ解読により有力な庇護者を得て、国王にも認められ、研究にいっそう身が入っていた。ロジーヌはジャン＝フランソワと住んでいたパリからグルノーブルに戻って出産した］。結婚以来、夫婦がいっしょにすごした時間を計算すると、別居期間のほうが同居期間よりも長いことがわかる。むろん、シャンポリオンは、研究に時間をとられていた、というもっともな理由をあげて弁解することができる。だが、ほかの学者の例を見れば、研究への没頭と家庭生活の両立は不可能でないことは明白である。

†

結婚に続く数年間に話を戻そう。ドーフィネはリベラルな反体制勢力が強い地方であり、反体制の陰謀が練られていた。あるとき、陰謀荷担者たちと少々かかわりをもっていたシャンポリオンは国家反逆罪に問われかねない事態におちいったが、難をのがれることができた。それでも地元当局から睨（にら）まれて一挙手一投足に横槍が入るようになったので、彼はパリにのがれて、マザリーヌ通り二八番地の兄の家に身をよせた。まもなく妻のロジーヌも合流する。

シャンポリオンは無職であった。もはや教鞭をとることもできない。そこで、この無職生活をヒエログリフ解読に捧げた。答えはあいかわらず見つからない。シャンポリオンは以前にもまして脇目（わきめ）もふらずに取り組んだ。

だが、ヒエログリフ解読に挑戦しているのは彼だけではなかった。

†

まだだれもヒエログリフを解読できていなかったのは、根本に一つの誤解があったからだ。これが大きかった！　皆は、ヒエログリフは象形文字であって意味を把握することはむずかしい、と述べた古代ギリシアの歴史家、ヘロドトス、ストラボン、ディオドロスの言葉を疑わなかったのだ。アレクサンドリアのクレメンス［二世紀にアレクサンドリアで活躍した初期キリスト教の神学者］やテュロスのポルピュリオス［三世紀のネオプラトニズムの哲学者］はエジプト文字の意味を説明しようと試みたが、手法が誤っていたのでなにも理解できないままに終わった。

五世紀に活躍した文法学者ホラポロのみが、相対的にみて真実に近いヒエログリフ解釈を提案した。ただし、このホラポロもヒエログリフは象形文字だと述べている。その後の何世紀にもわたって、研究者たちは「象形」という言葉にまどわされ、一つ一つの文字［記号］がもつ象徴的な意味を探ることにこだわり、心血をそそぐことになる。その結果、ときには滑稽なほどとんでもない解釈が提唱された。一七世紀には、キルヒャーという名のイエズス会士――幻灯機を考案するなど、発明家でもあった――はローマでヒエログリフ翻訳書四巻を出版したが、彼の翻訳はいずれもまちがっていた！　たとえば、アウトクラトール［絶対君主、皇帝］をさす文字列をキルヒャーは「豊穣とすべての植物の創造主はオシリスであり、その生殖力は聖モフタによって天からその王国に移された」と解釈している［とはいえ、キルヒャーはエジプト学の嚆矢（こうし）であり、シャンポリオンの偉業もキルヒャーに負うところが大きい］。

次の一八世紀、ジョゼフ・ド・ギーニュはヒエログリフの研究から、中国は古代エジプトの植民地であった、と結論づけた。イギリスの学者たちは逆に、エジプト人の祖先は中国からやってきた、と主張した。先に述べたように、若い頃のシャンポリオンも、古代エジプトと中国を結びつける説に無関心ではいられなかった。

ロゼッタストーンの登場は、こうした誤りに幕を引いたのであろうか？　否（いな）である。奇妙きてれつな解釈が後を絶たなかった。タンドー・ド・サン＝ニコラ師は、ヒエログリフは文字ではなく装飾モチーフである、と主張した。ポラン伯爵は、たった一晩でロゼッタストーンのヒエログリフを解読した、と豪語した。そのほかにも、神秘的なエピクロス派の体系の記述、カバラの抜粋、占星術がらみの話、農業や商業にかんする教え、聖書の一節、カルデア語やヘブライ語や中国語のテキスト等々、さまざまな説を唱える者が登場した。全員が、ホラポロの教えに立脚していた。

だれひとりとして、ホラポロの説を批判的に検討しようとしなかった。ホラポロは正しくもあり、まちがってもいたのだ。ヒエログリフがもともと、ものの形を表わす記号であったことは本当だ。たとえば、漣（さざなみ）は波打った線で、神は旗で、家は下辺の中央が欠けている長方形で表わされる。だが、こうした当初の表記はその後にたえまなく変化した。より年代が若いヒエログリフ

――ロゼッタストーンをはじめとする、われわれが読むことができるヒエログリフの大半――は、もともとのシンボリズムから遠ざかっていた。

ヒエログリフは、シンボルからいわゆる「文字」へと変化した。別の言い方をすれば「音素」となったのだ。ゆえに、シャンポリオンは「(ヒエログリフは) 厳密な意味のアルファベットではないが、音を表わしていた」と明言することになる。

このことをはじめて理解したのはシャンポリオンであった。ほかの研究者はもっていなかった、彼独自の武器とは？　一二ほどの古代言語、そしてコプト語をフランス語と変わらぬほどに理解していたことだ。

シルヴェストル・ド・サシ、オーケルブラド、イギリスの博物学者トマス・ヤングといった先達は、ロゼッタストーンのデモティックは表音文字ではないか、と考えた。彼らのうちで、この考えをもっともつきつめたのはヤングであり、いくつかの文字および単語を読み解いた。しかし、全体像をつかむことができずに、解読をあきらめてしまった。それこそが鍵であった。システムがわかれば、道が拓くのだ。シャンポリオンは何度となく、真実に近づいた。たとえば、横たわっている蛇はFの音を表わしているのでは、と考えた。だが彼はほどなくして、この考えには無理があると考えて放棄した。

シャンポリオンがこの考えに立ち返る日が訪れた。一つ一つのヒエログリフに一つの音をあてはめることが可能ではないか、と考えたのだ。だが、この理屈が正しいかは、実例で証明しなくてはならない。シャンポリオンは王の名前からとりかかることにした。

ロゼッタストーンにきざまれたギリシア語の文面から、この石碑の内容は神官たちがプトレマイオス五世エピファネスに捧げた賛辞であることはわかっていた。ヒエログリフによるテキスト中で、プトレマイオスの名前はどこに書かれているだろうか？　シャンポリオンの注意は、細長い楕円――その後、「カルトゥーシュ」とよばれる記号だ――に囲まれている一連の文字に引き寄せられた。シャンポリオンは、彼にとっては自然なロジックに導かれて思考を深めた。この文字列が曲線で囲まれているのは、ほかの文字列よりも重要だからであるにちがいない。ゆえに、これはファラオをさしているはずだ。

そこでプトレマイオスの音を表わす文字を、カルトゥーシュに囲まれた八つのヒエログリフの下にならべた。今日のわれわれには、このやり方はあたりまえのように思われるが、コロンブスの卵と同じで、それまでだれも思いついていなかった突破口であった。

シャンポリオンがこのやり方をつきつめるにあたって決定的に役立ったのは、一八二一年より学者たちのあいだで「第二のロゼッタストーン」として知られるようになった碑文であった。この年、フィラエ［エジプト南部、アスワン近郊］にあったオベリスクがイギリスに運ばれた。このオベリスクには二つの碑文がきざまれていた。一つはヒエログリフで、もう一つはギリシア語で書かれていた。プトレマイオスだけでなくクレオパトラの名前も記載されていた。シャンポリオンはこの碑文の複製を入手し、自分がプトレマイオスおよびクレオパトラを意味すると考えるヒエログリフを比較し、どちらにも共通の文字を発見した。これで、シャンポリオンが立てた仮説が強化された。ヒエログリフの各文字は一つの音価に対応するのだ。プトレマイオスとクレオパトラのヒエログリフ表記に共通している三文字がP、L、Oの音を表わすことをシャンポリオンは確信した。

大きな一歩がふみだされた。以上を突破口として、プトレマイオスとクレオパトラの名前を分析することで、シャンポリオンは一二の異なる文字の読み方をつきとめた。この一二文字を手がかりにして、彼はほかの四つのカルトゥーシュに囲まれた名前がアレクサンドロス、ティベリウス、ドミティアヌス、ゲルマニクスである、と読み解くことができた。

その後、すばらしいタイミングで送ってもらえた資料が、シャンポリオンが自分の理論を完成させるのを助けることになる。

†

一八二二年九月一四日、シャンポリオンは何人ものファラオが建立した神殿の浅浮き彫りの写しを調べた。仕事でエジプトに派遣された建築家、ユヨが送ってくれたのだ。

一枚目は、アブシンベル神殿の浅浮き彫りのコピーであった。ファラオの名を囲むカルトゥーシュがただちに目に入った。シャンポリオンは文字列の最後に、ス（s）音もしくはセス（ses）音を表わす、とすでにつきとめていた文字グループを認めた。いちばん上には、日輪が描かれていた。これは、太陽神のシンボルではないだろうか？　コプト語で太陽は「ラー」だ。まったく見当がつかないのは、真ん中の一文字だけだ。突然、一つの名前が彼の口から飛び出した。ラムセスだ！　喜びと同時に不安で胸がしめつけられた。飛躍しすぎではないか？　自分は都合のよいように解釈しているのではないか？　シャンポリオンは読解を続け、偉大なファラオ、ラムセスの名前をほかの個所でも見つけた。そして、ラムセスにあたえられた尊称「アメン［太陽神］に愛される者」も難なく読みとることができた。

シャンポリオンは次に、ユヨが送ってくれた二枚目に目をとおした。一つのカルトゥーシュのなかに、トート神のシンボルである鴇（とき）の姿と、メスの音を表わす文字列を認めた。これにより、このファラオはトゥトメスだとわかった。

午（ひる）になるころには、ヒエログリフには、音価に対応する表音文字にくわえて表意文字もふくまれること、しかも表意文字も表音文字として使われる［象徴するものの名前の音を表わす文字として使われる］ことがある、と理解した。

何年も前から追求し、人生を捧げてきた目的をついに達したのだ。だが彼の健康は悪化していた。胸を引き裂くようなたえまない咳は、友人たちを心配させた。現代のわたしたちは、結核が彼の体をすっかりむしばんでいたことを知っている。昼夜をわかたずむずかしい文書を読んできたせいで、視力もひどく低下していた。片目の視力はほぼ失われていた。

だが、シャンポリオンは気にもとめなかった。ついに発見したのだ！

彼は立ち上がり、調べていた文書をかき集めると自宅のアパルトマンを出て、階段を駆けおり、兄が執務しているフランス学士院へと向かった。兄の執務室に入ると、彼は「わかったぞ！」と叫んだ。

その直後に人事不省におちいったシャンポリオンは、生きながらにして死んだような状態で五日間をすごしたが、新約聖書に出てくるラザロのごとくに復活した。そして、ほんの数時間で有名な「表音ヒエログリフのアルファベットに関するダシエ氏への書簡」を書き上げた。彼はこの「書簡」を、同じ月の末に学士院の碑文・文芸アカデミーで発表した。冒頭でシャンポリオンは誇らしげに、「わたしは一〇年間のたゆまぬ研究のすえに、二種類の表記法の概論、それらを構成する記号の起源と性質と形状および数、これら記号のうちで純粋に論理的もしくは文法的な機能を果たす記号同士を組みあわせる際の規則にかんするほぼ完璧なデータをまとめることができた。したがって、二種類の表記の〝文法〟および〝辞書〟とよべるであろうものの基礎をうちたてた、と思う。これにより、多くのモニュメントに残されている二種類の表記法による碑文を解釈することが可能となり、エジプトの歴史全体に大きな光があたることとなろう」と告げた。

†

フランスの学者たちは全員、大喜びした。その一方、外国では懐疑的な声があがった。だがシャンポリオンは意にも介さなかった！　自分が正しいと知っていたからだ。

二年後、彼は「古代エジプトの象形、表意、表音ヒエログリフの体系概説」を発表することで、「ダシエ氏への書簡」を補足し、データを補強した。

信じられないことに、シャンポリオンはこの膨大な研究を、エジプトを一度も訪れることなくなしとげた。しかしシャンポリオンはいまや、すべての本物の学者が求める確証、すなわち実体験のみがもたらしてくれる確証を得たいと願った。彼は確かめたかったのだ。

彼は、世界一のパピルスコレクションがイタリアにあることを知っていた。そこで、一八二四年から一八二六年にかけてイタリアに滞在することになる。フィレンツェ、ナポリ、ローマでシャンポリオンの姿がみられた。教皇庁は彼に古代エジプトのコレクションの分類を依頼した。しかし、シャンポリオンが本物の宝と出会ったのはトリノにおいてであった。またとないほど貴重なパピルスを目にして、彼は「恍惚」となった。これにより、彼の古代エジプト語の理解は「長足の進歩」をとげた。毎日何時間もかけて彼は保存状態がきわめてすぐれた原本を書き写した。幸福感に満たされ、エジプトの歴史と文化にかんする知識にずんずんと分け入った。葬礼の書は古代エジプトの新たな側面を数多く明かしてくれたので、興奮のあまり理性を失うかと思われた。だが、トリノのアカデミーの屋根裏に保管されていたパピルスは保存状態が劣悪だった。シャンポリオンが足をふみいれると、貴重なパピルスの破片が床にちらばっていた。文字どおり塵（ちり）となってしまったのだ！　シャンポリオンは絶望にくれた。「ぼくは自分の手のなかで、歴史が記憶をすっかり失ってしまった歳月のよび名、一五世紀も前から祭壇をもはやもっていない神々の名前が丸まっているのを見た。そして、こなごなにしてしまうのが怖くて息を止めながら、ひろい集めた。たとえば、生前はカルナックの広大な宮殿にいても窮屈に感じていたであろう王の思い出が逃げこんだ、最後のそして唯一の隠れ家である小さなパピルスのかけらを」

シャンポリオンは最善をつくして断片をつなぎあわせ、ポルノグラフィも見つけ、さらには第一九王朝のファラオのリストを発見し、この王朝が紀元前一二世紀にさかのぼることをつきとめた。彼は兄に次のように書き送っている。「これほど比類なき古代の資料を提供できるのはエジプトのみです。プトレマイオス朝の時代、そしてペルシアの時代でさえも、ぼくにはみじめなものと思えるのはなぜか、兄さんもわかるでしょう。一週間前からぼくが手にしている文明と比べれば、プトレマイオスもペルシアもつい昨日の話だからです」

シャンポリオンのキャリアの絶頂は、一八二八年七月から一八二九年一二月にかけてのエジプト旅行であった。フランス政府もついに、この若き学究の徒の発見がきわめて重要であることを得心した。シャンポリオンを隊長とする大がかりな調査旅行に必要な資金が拠出された。

結核はますます進行していた。シャンポリオンは病人のイメージそのものであった。ときとして、歩くこともままならず、担いでもらった。発熱にも悩まされた。だがナイル川をさかのぼるフェラッカ船［大三角帆をもつ小型帆船］に乗ったシャンポリオンは自分の病気のことをすっかり忘れた。ついに自分の目で、子ども時代から自分の心をとらえて離さなかったピラミッドやモニュメントをじっくり見ることができるのだ。多分、これほどに絶対的な幸福を味わった者はほかにはいなかったろう。

そのうえ、彼の旅はまぎれもない凱旋（がいせん）の様相を呈した。エジプトの農民たちは、「古い石に書かれた文字を読む」ことができる人物を一目見ようと、ナイル川の岸辺に集まった。

ゆく先々で、彼は新たな発見へと導かれた。神殿に感嘆の声を上げ、だれが建立したのかを特定した。ラムセス二世が暮らした場所では、この偉大なファラオをたたえた。

こうしたモニュメント、円柱、碑文をシャンポリオンは発見したのではなく、認識した。必要な場合は、誤りを正した。たとえば、イシスに捧げられていると思われていた神殿が祀っているのは愛の女神ハトルである、と指摘した。

カルナックでは、極度の興奮に襲われた（シャンポリオン本人が、このような興奮はあまり体験すべきではない、命にかかわるから、書いている）。「そこでは、ファラオならではの壮麗さの全容、人間が想像して実行したもっとも偉大なことのすべてが、わたしの目の前に姿を現わした…。描写するのはいっさいひかえたほうがよいかもしれない…。われわれヨーロッパ人はリリパット人［リリパットは、『ガリバー旅行記』の小人の国］にすぎず、古代および近代のどのような民も、エジプトの神々が考案したものに比肩できるほど崇高で壮大、威風堂々とした建築技術を構想したことがない…」

†

シャンポリオンは自分が、ほぼ二千年このかたヴェールに包まれていた古代エジプトの歴史に足をふみいれるはじめての人間である、と自覚していた。ファラオに仕える者が神殿内にずんずんと歩を進めたように。彼は次のように書き記している。「六か月前よりエジプトのモニュメントに囲まれ、自分があえて想像していたよりもはるかにすらすらと［ヒエログリフを］読むことができることにわたしはおそれおののいている」

ファラオ時代から変わっていない帆を張ったフェラッカ船で航海するシャンポリオン。灼熱の太陽の下で、そして月光に照らされて、神殿に近づき、円柱のあいだをぬって神殿内に入るシャンポリオン。

シャンポリオンの大きな喜びに影を落としたのは、こうした神聖なモニュメントがこうむっている損傷と略奪だった。シャンポリオンはムハンマド＝アリー［オスマン帝国の属州エジプトの支配者］に、ファラオ時代のエジプトの遺跡を救うためにできるだけのことをしてほしい、と懇願した。「目もあてられない惨状に終止符を打つのはいまでも遅いくらいです。この真に重要な目的を達成するため、どのような口実をもってしても、現存する古代のモニュメントから一つの石も一つの煉瓦もとりさってはならない、と陛下が命じてくださることが考えられます」

フランスに戻ったシャンポリオンは、学士院の碑文・文芸アカデミーのメンバーに選ばれた。以前に加盟を申請したことがあるのだが、そのときは、彼の業績をねたましく思う者たちが彼をしりぞけ、パルドゥシュー（Pardessus）という名の教授を選んだ。シャンポリオンはそれを知って「わたしはパルドゥシューの下に置かれた！」と述べていた［pardessusは「～の上に」を意味する］。

一八三〇年、コレージュ・ド・フランスがシャンポリオンを教授に迎え、エジプト学講座を開設した。だが、シャンポリオンによる講義は数回だけで終わった。結核の進行に、糖尿病がくわわった。また、痛風によって下肢が麻痺していた。彼を診ていた二人の医者、ブルセとロベールは、シャンポリオンの病状を次のように説明している。「骨の折れる旅、王の墳墓にたちこめる有害な空気、ナイル川の水の過剰摂取、そうしたすべてが肝臓病をひき起こし、しかも発見が遅れた。脳の熱、精神の絶えざる没頭が、血を炭化させた…」

シャンポリオン本人も自分の病状に幻想などいだいていなかった。一八三二年一月二七日、動かせるのはもはや腕だけというシャンポリオンが横たわる寝台のまわりに集まった人々は、病人が「ああ神様、あと二年…生かしてくれないでしょうか？」と言うのを聞いた。

それから少しあと、彼は片手を額にあて「あまりにも早すぎる…ここにはまだ、こんなにたくさんつまっているのに…」と嘆いた。

一月二九日、麻痺は体の両側におよんだ。シャンポリオンの口はもはや、明白な言葉を発することもできなかった。だが意識は晴明なままだった。彼の目は「助けを求めているようであり、周囲の者たちは、真っ赤に焼けた鉄を押しつけられたかのように切ない思いを味わった」

シャンポリオンは三月三日の夜に言葉をとりもどした。司祭が彼に終油の秘跡をほどこした。

シャンポリオンは兄と妻、そして「春の花」とよんでかわいがっていた娘ゾライド——八歳になったばかりだった——に別れを告げた。

彼は、自分のコレクションのなかからいくつかのエジプトの文物をもってきてほしい、と頼み、魅せられたように見つめた。文字どおり自分の人生を象徴する文物に最後の眼差しを投げかけたのち、シャンポリオンは事切れた。享年四一。

†

今日、太古の驚異的な文明との出会いを求めてエジプトに旅する人は、シャンポリオンの名前を心にとめておくべきだ。知識のあるガイドが古代エジプトの歴史をわたしたちに事細かに語ってくれるのは、ジャン゠フランソワ・シャンポリオンがヒエログリフを読解したおかげなのだ。このことを忘れてはならない。

シャンポリオンの物語は、精神の勝利の物語、創造的な信念の物語だ。その意味で、彼の物語は一つの手本と一つの教訓をあたえてくれる。信念なしでは、大きな成功を勝ちとることは絶対にない。「熱情のみがほんとうの人生だ」と述べたシャンポリオンは、だれよりも先にこの確信を得て、深く実感し、始動させたのだ。

〈原注〉

1　Benoist-Méchin : *Bonaparte en Égypte ou le rêve inassouvi* (1978).

2　C. W. Céram : *Des dieux, des tombeaux, des savants* (1952).

3　この人物の名前の本来の綴りはd'Hautpoulである。de～〔母音が続くとコントラクションを起こしてd'～と綴られる〕は貴族の名前であるので、革命後のこの時期は貴族的な名前を使うことははばかられたのである。

4　Hermine Hartleben : *Champollion, sa vie et son oeuvre, 1790-1832* (1983).

5　Jean Lacouture : *Champollion, une vie de lumières* (1988). ジャン・ラクチュール『シャンポリオン伝』（上・下）、矢島文夫／岩川亮／江原聡子訳、河出書房新社、二〇〇四―〇五年。

6　C. W. Ceram、前掲書。

7　ヘルミーネ・ハルトレーベンが引用した言葉。

8　Jean Lacouture、前掲書。

4　ルートヴィヒ二世（一八四五―一八八六）バイエルンの狂王

夜の闇につつまれた湖のほとり、草むらに二体の遺体がある。護衛官たちがランタンで照らす。医師、制服を着た将校、フロックコートの要人たちが輪になってとり囲み、だれもが茫然自失のおももちだ。遺体の一体はバイエルン王、ルートヴィヒ二世である。

シュタルンベルク湖はまるで絵に描いたような湖である。ミュンヘンの二〇キロほど南にある細長い湖で、緑というより灰色がかった水をたたえている。そびえ立つバイエルンプレアルプスを背景にした静謐な湖の眺めは、旅人の期待を決して裏切らない。この湖のほとりにベルク城が建っている。

一八八六年六月一四日の一八時半、その数日前に医師団から精神を病んでいると宣告されたルートヴィヒ二世は、精神科医のフォン・グッデンをともなって散歩をしに城を出た。二〇時には戻ると告げてあった。

その二〇時をすぎても二人とも帰ってこない。ただちにあらゆる方角へ捜索隊が出動した。二二時三〇分、湖畔から数メートルのところでルートヴィヒ二世の遺体が、そしてほどなく、医師フォン・グッデンの遺体もみつかった。こうして、一九世紀にもっとも論議を巻きおこした王の苦悩に満ちた生涯が終わったのである。彼の死にまつわる謎はつねに人々の関心をよび、そしてかならず、死とはうらはらの彼の生にまつわる謎へとわたしたちをいざないつづける。

†

ゆりかごのなかでバラ色の赤子が泣いている。祖父は二〇年前にバイエルン王に即位したルートヴィヒ一世、その息子でのちにマクシミリアン二世になる王太子が赤子の父親だった。一八四五年八月二五日、ニンフェンブルク宮で誕生したこの赤子こそ、のちのルートヴィヒ二世である。

彼がその血を引くヴィッテルスバッハ家はヨーロッパの宮廷のなかでももっとも古い家柄であるが、その受け継ぐ遺伝的な欠陥が彼の血にも流れていた。のちにオーストリア皇太子ルドルフがマイヤーリンクで亡くなると、母親のエリーザベト皇后［ルートヴィヒ二世の血縁にあたる］は絶望に沈んで「これがわがヴィッテルスバッハ家の呪われた血統なのです！」と嘆いた［一八八九年、既婚者のルドルフが貴族令嬢とともにベッドで死体となって発見された「マイヤーリンク事件」は、フランスの作家クロード・アネが小説にし、たびたび映画化された（邦題『うたかたの恋』）。だが事件の真相は謎に包まれている」。死と狂気の血がこの一族には脈々と流れていた。

なんと美しいお子さま、この言葉をルートヴィヒは大きくなるまでくりかえし耳にして育った。彼はたしかに美しかった。このうえなく端正な顔立ちに青みをおびた大きな目が輝き、豊かな黒髪が顔をふちどる。そのまなざしは驚くほど真剣で、少年を通り越して大人のような視線を投げた。

フランス語ができるようになると——当時のヨーロッパ王侯にとって、母国語とおなじようにフランス語で表現できることが必須とされた——、まずルートヴィヒは「朕は国家なり」と口にした。ついで「かくのごときが朕の意思なり」［どちらもフランス王の言葉］。彼の理想の人、考え方の師匠はルイ一四世だと言ってはばからず、だれであれ、将来の王としての彼を見くだすような者には我慢がならなかった。

ルートヴィヒが九歳のとき、ラ・ロゼという養育係がついた。この人物は、少年に謙遜を教えるどころか、あなた様は将来王となるのですよ、と自尊心をかきたてては悦に入っていた。先祖の威光がどれほど偉大なものか、これから王となるルートヴィヒにどんな栄光が待ち受けるか、おだてるばかりで、ルートヴィヒのなかにしだいに生まれてくる誇大妄想の気質を助長した。

一二歳のとき、ルートヴィヒは二歳年下の弟のオットーを縛りあげ、本気で首を絞めようとした。間一髪、駆けつけた者たちに彼は言い放った。「オットーはぼくの家来だぞ！　それなのに、ぼくに対して礼儀を欠いたのだ！」

バイエルン王国の城のなかで、ルートヴィヒはホーエンシュヴァンガウ城が気に入っていた。オーストリア国境にほど近く、山ひだに隠れるようにたたずむ城塞である。ルートヴィヒの父親はその父であるルートヴィヒ一世が愛人ローラ・モンテスとのスキャンダル［ダンサーを名のりヨーロッパの資産家たちを渡り歩いたモンテスは、ミュンヘンでバイエルン王ルートヴィヒ一世の寵愛を受ける。しかし政治にも口出しするようになって内閣と国民の反感をかい、ついにルートヴィヒ一世はモンテスを追放した］が原因で退位したために、即位してマクシミリアン二世となり、この城をネオ・ゴシック様式に建て替えた。伝説ではこの地に、白鳥の騎士、ローエングリンが最初に現われた、とされる。そのため、城内の壁という壁には泳ぐ白鳥が描かれた。花瓶、食器、置物にいたるまで白鳥のモチーフが用いられ、公園の池や周辺の湖にはこれでもか、というほど白鳥が放たれた。ルートヴィヒが生まれてはじめて描いたスケッチが白鳥だった、といわれても驚くまい。

ルートヴィヒと弟のオットーはまた、ベルク城ですごすのも好んだ。小さなボートに乗って、庭園の池に浮かぶ、その名もゆかしい「バラ島」という小島まで漕ぎ出すのがお気に入りだった。もう少し遠くまで漕ぐと、向こう岸にはバイエルン公マクシミリアンの館があり、令嬢のヘレーネとエリーザベトに会える。［バイエルン公家はバイエルン王家の傍系であり、またルートヴィヒ二世の祖父であるバイエルン王ルートヴィヒ一世と、エリーザベトたちの母ルドヴィカは異母兄妹だった。」エリーザベトの愛称はシシィ、一八五四年にオーストリア皇帝フランツ・ヨーゼフと結婚することになる。ルートヴィヒは彼女たちが大好きだったが、いちばん気が合ったのはガクルとよばれていたカール・テオドールだった。

ルートヴィヒは成長し、ドイツの古い伝説の読書を大いに楽しんだ。ウォルター・スコット［スコットランドのロマン主義作家］も好んだ。一三歳のとき、リヒャルト・ワーグナーのオペラの台本に出会う。『タンホイザー』と『ローエングリン』である。白鳥に囲まれて育った王子であるから、『ローエングリン』にまず熱中した。一六歳のとき、はじめてこのオペラを鑑賞する。伝説が目の前で生き生きと演じられる、目がくらむほどの感激だった。それ以来、ローエングリンが自分の化身となり、堕落と闘う内心の葛藤のシンボルとなった。[1] 翌年には、『タンホイザー』に心をゆさぶられたようだった。このときからまだ見ぬワーグナーが尊敬する偉人となった。崇敬の対象が、作品からそれを生み出す作曲家へ移り変わっていった。

一八六三年、一八歳で成年となる。宮殿内に専用の居住棟をあてがわれ、従者をつけることが許された。従者が一人と副官が二人、それに使用人も数名。信じられない話だが、成年に達するまで一人で散歩をすることも許されなかったのだ。彼に出会った人たちは、そのあまりの美しさに感激し、称賛の気持ちを隠す者はまれだった。ふつうの人間よりとびぬけて背が高く、まるで若い神のように見えた。

かつてビスマルクはニンフェンブルクでディナーに招待され、ルートヴィヒの隣の席についたことがある。このときに感じた複雑な心境をのちに吐露している。「会食のあいだ、彼は心ここにあらずのようで、ときどきわれに返るとわたしに話しかけるのだった…。会話がとぎれると、彼は母君の後方の天井を見上げ、ときおりシャンパングラスをぐっと空けた。給仕は、母君に命じられていたらしく、心もちゆっくりとグラスを満たしているようだった。王子が肩越しにグラスを差し出し、それに給仕があきらかにためらいがちに応じることがいく度かあった」

王太子からあまり注目されないことを少し腹立たしく思ったビスマルクだが、それでもルートヴィヒの性格についてのちに「才能に恵まれ、頭の回転が早く、良識をかねそなえている。彼には将来の栄達が約束されよう」と言及した。

†

あるできごとを指摘しておかなければならない。ルートヴィヒは日記を遺した。残念ながらその一部は第二次世界大戦中の爆撃によって消失してしまったが、その奇妙な日記に手がかりがある。日記にはこう書いてある。「誠実で忠実な友だちができた。彼にとってもわたしが唯一の友だちだ。その人とは親戚のカール、マクシミリアン公の息子だ」。シュタルンベルク湖の館を訪問した頃から親しくしていた、あのガクルである。彼は後年、眼科医として世界的な名声を得る。しかし、ガクルもやがて別の人物にとって代わられることになった。ルートヴィヒの日記に戻ろう。「タクシス少尉がわたしの副官に任命された。魅力的な人だ」。ドイツ有数の名家、タクシス家のパウルだ。ガクルは遠方だが、パウルは近くにいる。ルートヴィヒとパウルは情熱的な手紙のやりとりをかわし、二人の親密な仲は疑うべくもなかった。パウルは三年間ルートヴィヒに仕えた。デズモンド・チャップマン＝ハストンの研究によって、パウルの人となりが明らかになっている。パウルは美青年で感じがよく、私心がなくてたいへん率直な人だった。凄い切れ者ではないが、文字どおり魅力的で、ルートヴィヒは彼に対してほとんど崇拝に近い感情をいだいていた。

その日、パウルとルートヴィヒは舟遊びを楽しんだ。乗りこんだ金色の小舟はウィンチで湖岸から動かすしくみで、白鳥が漕いでいるように見える。その舟を作ったのはオペラ座の舞台装置係だったから、いささか頼りなくすぐに水が染みこむような代物だったが、二人は気にもとめなかった。軍楽隊の奏でるワーグナーのオペラ・メドレーにうっとりと聴き入り、自分たちで決めたその日の役柄に没頭した。パウルはローエングリンの扮装をし、ルートヴィヒは迷わず女装してエルザになった！［エルザは『ローエングリン』のヒロイン］

パウルとルートヴィヒの手紙を何度も読み返す必要がある。そのなかで王太子が、そして王になってからも、パウルに対してもちつづけるこれほどの激情の裏に、年を追って増すばかりの苦悩からなんとかのがれたいという必死の思いが読みとれ、パウルも彼によりそいながら心配をつのらせていた。手紙のなかでパウルはくりかえし何度も、いとしい友に心の平和をとりもどすように懇願した。ルートヴィヒが苦悩にあえぐとき、パウルは全力をあげて王を支えることを誓った。

いつもおそばでお仕えします。

†

一八六四年三月一〇日、欧州各国にマクシミリアン二世の訃報がとどく。四日後にとりおこなわれた葬儀で、ルートヴィヒは霊柩車の後方を弟オットーとならんで歩いた。それは沿道にひしめく群衆にとって忘れられない光景となった。人々は王に即位する若いルートヴィヒをくい入るように見つめ、驚嘆の声をあげた。これほどすばらしい国王陛下を見たことがなかったのだ。バイエルン王ルートヴィヒ二世となったばかりの彼は一八歳半で、身長が一メートル九〇センチあった。ビスマルクは、彼のたった一つの欠点はやせすぎていることだが、それ以外は非のうちどころがない、と指摘した。棺とともに歩く彼の顔色は青白く、黒い髪は青みがかっている。若い頃には直毛だったが、のちにはカールさせるようになった。自分の頭が小さすぎると思ったからだが、たしかに小顔である。実際、美男子というよりはチャーミング、いやチャーミングすぎるほどだった。

王としてなすべき新たな職務を彼は自覚し、宣誓した。「わたしは真心をもって王座につき、全身全霊で臣民のために働く」

王太子だった頃に日課の中心にすえていた道楽は封印された。毎朝八時半に秘書官と面会。一一時に大臣と会合。正午に謁見。秘書官とともに一六時から一八時まで公務。二一時まで新聞の閲覧と分析。

すべての職務を彼は受け入れた。王としての自覚を強くもった。

だが、はじめての公務は政治行為ではなかった。もっとも風変わりで、もっとも彼らしい、そしてもっともロマンティックなその公務とは…。彼が世界でいちばん尊敬する男をよびよせることだった。それがリヒャルト・ワーグナーである。

†

三月に即位するとさっそく、ルートヴィヒはミュンヘンに滞在中の旅行者のリストにワーグナーの名がないかをチェックさせた。しかし、むだ骨だった。翌月、国王付秘書官長のプフィスターマイスターをウィーン郊外のペンツィングへ発たせた。そこにリヒャルト・ワーグナーが住んでいることを承知していたからだ。巨匠は不在だった。プフィスターマイスターはミュンヘンに戻り、ワーグナーの不在を王に報告した。ルートヴィヒは激怒し、なにがなんでもワーグナーを探し出せ、とプフィスターマイスターをペンツィングに追い返した。リンダウ、チューリヒを転々と探しまわった秘書官長は、ついにシュトゥットガルトでワーグナーを見つけ出す。

秘書官長はワーグナーにうやうやしくルートヴィヒ二世の手紙と肖像写真を差し出した。ルビーをはめこんだ金の指輪もそえられていた。まったく予期せぬ展開に、ワーグナーは非常に驚いた。プフィスターマイスターが「ミュンヘンにおいでいただけますか。いつ、来ていただけるでしょうか」とたずねると、ワーグナーは即座に答えた。「いますぐにまいります!」

当時、この作曲家は借金に追われていたことを指摘しておくべきである。たえず住む家を変えていたのは、借金取りからのがれるためだった。文字どおり赤貧洗うがごとき窮乏状態におちいっていた彼は、明日はどうなるかと戦々恐々としていた。ハンブルクの造船業者の娘で、ワーグナーの苦しい時期に手を差し伸べてきたヴィレ夫人に「いまや奇跡でも起こらないかぎりわたしは救われないでしょう」と打ち明けたばかりだったのだ。

プフィスターマイスターの申し出を聞いたときワーグナーは、まさにその奇跡が起こることを確信した。五〇歳になるそのときまで人生は失敗の連続だった。作曲したオペラで大成功といえるものはどれひとつなく、『さまよえるオランダ人』は、『タンホイザー』や『ローエングリン』ほどの評判もよべなかった。パリでの『タンホイザー』の上演は、メッテルニヒ侯爵夫人「パリ駐在オーストリア大使の妻でワーグナーを崇拝していた」の強力な働きかけがあったが失敗に終わった。ウィーンの歌劇場で『トリスタンとイゾルデ』のリハーサルがはじまったときには希望の光が見えたかに思われたが、なんと数日後には中止になってしまった。リヒャルト・ワーグナーは絶望のどん底で、人生をあきらめようと思った。

そんなときだった、目の前にバイエルン王からの使いが現われたのは! プフィスターマイスターがすぐにルートヴィヒ二世に打った電文はたったひとこと「明日」、最高のひとことだった。ワーグナーは『ローエングリン』の上演権をかたに金を工面し、ミュンヘン行きの列車に乗った。プフィスターマイスターは先に王のもとに戻っていた。ルートヴィヒ二世は幸福で胸がいっぱいで、翌日の午後二時にワーグナーを引見する、と叫んだ。

二人が一晩中どんなことを考えていたのか、容易に想像できる。ルートヴィヒはまもなく一九歳、一方のワーグナーは五一歳。ルートヴィヒの青年期はワーグナーの音楽ではぐくまれた。作曲家のほうは、いつか芸術をこよなく愛するどこかの君主が自分を日々の暮らしの悩みから解放し、安らぎのなかで作曲に専念できるようにとりはからってくださることを夢見ていた。はたして、その望みはかなえられるのか？

午後二時一五分、黒い服に白ネクタイ姿のワーグナーが王のもとへ招き入れられた。すらりとした長身に小さな頭をのせたルートヴィヒ二世と短い体躯に大きな頭のワーグナーは、驚くほど対照的な二人である。美しい男性の姿形をずっと崇めたてまつってきたルートヴィヒにしてみれば、がっかりしたかもしれない。ワーグナーはどちらかといえば醜男で、そのうえ猫背だった。だが、ある人物への好きが高じると往々にして、現実はこうあってほしいと思い描いた容姿そのままに見えてくるものである。

ルートヴィヒはまっさきにワーグナーを抱擁し、その瞬間、心は激しくゆさぶられた。ワーグナーと出会って王としての誇りが強くわきおこった。ついに、青年期に苦しめられたさまざまな束縛から解放されたのだ。彼はワーグナーを招聘したいと願っただけでなく、それを自分たった一人だけで望み、ついにそれが実現した。

ワーグナーは自分がどうふるまうべきかをすっかり理解した。意識していたかどうかはわからないが、ルートヴィヒの性格が女性的であることに気づく。そこで、王に対して、さんざん女たちをなびかせてきた言葉づかいで話してみた。これに有頂天になったルートヴィヒは、即刻この作曲家の肖像画と胸像を作らせるよう命じた。

ワーグナーは五日間ミュンヘンに逗留した。ウィーンに戻るに際して、数千フローリンを支給されたが、これは借金のとりたてをせまる債権者たちに返済するのに十分な金額だった。別れ際にルートヴィヒは感きわまってワーグナーに向かって叫んだ、「すぐに戻ってきてください！」

二人は三日後にはシュタルンベルク湖で再会した。ルートヴィヒはベルク城にとどまることが多くなっていた。ワーグナーはプフィスターマイスター邸に泊り、この二人は親しい友人となった。翌月もルートヴィヒにとって、彼の表現を借りれば「陶酔の月」となった。だれかれかまわず、若き王はワーグナーがこれからはみずからの唯一の指導者であり助言者である、と公言した。ワーグナーにとっては、まるで白昼夢を生きているようだった。こう記している。「毎日、王は一度や二度はわたしをよびに使いをよこす。するとわたしは恋人に会いに行くように飛んでいくのだ」。そしてルートヴィヒ二世の「魅力的な会話」をほめちぎる。こうも記す。「何時間ものあいだ、目と目を見つめあって…」。または「すべてはこれほど美しくこれほど純粋だ！」そしてさらに「ほんとうに、王はわたしにとってすべてである、世界でもあり、妻でもあり、子どもでもある」

妻というささか不穏な言葉が使われても、だれも文字どおりには受けとるまい。それどころか、つねに女性ぬきではいられないワーグナーは、リストの娘のコジマ・フォン・ビューローをよびよせた。妻とワーグナーとの不倫を知らないことになっていた夫のビューロー氏は、このときも一週間もたってようやく彼らに合流した。

ルートヴィヒ二世は、ワーグナーが既婚女性と深い仲になっていることを知り、大きな衝撃を受けた。わが師は高潔なるお方ではないのだろうか。ルートヴィヒの気分が晴れるまでしばらく時間がかかった。

一〇月、王はワーグナーのためにミュンヘンに家を一軒購入した。広大な美しい庭園に囲まれたその邸宅は、かつてルートヴィヒ一世が愛人ローラ・モンテスを住まわせた屋敷の向かいに位置していた。住まいのほかにも、それ以降、年金として毎年八〇〇〇フローリンが支給された。これだけあればワーグナーにとって暮らすのに十分どころかぜいたくができた。これで身も心も音楽に打ちこむことができる。すばらしい楽曲がつぎつぎに生まれ、そこにワーグナーだけでなくルートヴィヒ二世も夢見る世界がくりひろげられていった。

この離れがたき親友は、二人とも驚くほどそっくりの自己中心主義とナルシズムを性格としてそなえていた。二人とも同じように愛情と理解と称賛を渇望していた。ルートヴィヒとワーグナーがホモセクシュアルの関係であったことを示す証拠はいっさい見つかっていない。しかし、バイエルン王ルートヴィヒ二世にとってはワーグナーが変わらぬ純粋な愛情の対象であったことは疑う余地がない。ただひとり、ワーグナーだけ、そのすべてを受け入れ、すべてを許す。

六月、『トリスタン』が上演され、ルートヴィヒは三回鑑賞した。最後の幕が下りるのももどかしくワーグナーのほうへかけより、われを忘れて「あなたと神！」と叫んだ。

それからというもの、ルートヴィヒは遠縁のエリーザベトに会うたびに、ワーグナーへの思いを熱く語った。二人がいちばん親しくしていた時期である。バラ島で落ちあってはつきることなく語りあった。

だがミュンヘンでは、ワーグナーに対するいらだちが高まっていた。政府の要人たちは、ワーグナーが政治にまで影響力をおよぼしているとの疑いをいだいた。国民はワーグナーのぜいたくぶり、もらう金、使う金を批判し、ルートヴィヒとの親密な関係をあざわらった。ローラ・モンテスの騒動がまたくりかえされるのか？　からかい半分に、人々はワーグナーを「ロールス」とよんだ。王家の一族はこぞってルートヴィヒ二世にワーグナーの解雇を嘆願した。ミュンヘンの大司教枢機卿もワーグナーの解雇に動き出した。首相は王に最後通牒(つうちょう)をつきつけた。「ワーグナーをとるかわたしをとるか、お選びください」

ルートヴィヒにはなすすべがなく、祖父のルートヴィヒ一世にならって、ワーグナーにミュンヘンを出ていくよう命じた。ワーグナーはルツェルン湖のほとりにおちつき、平穏な環境で作曲にいそしみ、やがてコジマが合流すると幸せはさらに増した。

王は打ちひしがれて王宮にこもった。だれも彼には近づけない。

†

一八六六年、以前からくすぶっていたシュレースヴィヒ＝ホルシュタイン問題が唐突に政治課題となる。その二年前に、最悪の状況は回避されていた。デンマーク王国はホルシュタイン公国の領土を放棄せざるをえなかった。プロイセンもこの領土が自国のものだと考えていた。いまや、ビスマルクは堂々と領土返還を要求した。ここにいたり、オーストリアは警戒を隠さなかった。この領土併合はプロイセンの勢いを危険なまでに強め、オーストリア＝ハンガリー帝国の力は削がれヨーロッパの均衡が破られるだろう、との懸念だ。事態は戦争にまで発展するのか。

戦争という言葉がルートヴィヒ二世の耳で不気味に鳴りひびく。大臣たちはしきりに、プロイセンとオーストリアのあいだに戦闘が勃発すれば、バイエルンはオーストリア側につかねばならない、と進言した。それによりドイツ内で南部が北部より優位に立つことができる、と。

戦争だって？　なぜだ？　ルートヴィヒはいかなる宣戦の布告も回避したかった。ましてや、よりにもよってプロイセンとは断じて戦いたくない。この究極の自由人は、心のなかではビスマルクが構想するドイツ統一を支持している。もしバイエルン王国がオーストリアと同盟すれば、ルートヴィヒが夢見てきたドイツ統一という大計画は実現不能になってしまう。いかなる選択をとるべきか。根っからのバイエルン人を自認するルートヴィヒには、自分の王国が戦に負ける事態は絶対に許せなかった。しかし戦争の機運は高まってくる！　なにも決断することができぬまま、彼はミュンヘンから逃がれ、ひきこもってしまった。王としての責任を放棄したわけではないが、ふたたび苦悩が王をさいなんだ。

不安は現実となり、オーストリアとプロイセンは対峙したが、ルートヴィヒ二世は大臣たちを避けた！　ついに彼らと向きあったとき、統治に疲れたと叫んだ。あながちうそではない。ワーグナーにあてて、彼は退位することを知らせたが、ワーグナーは、翻意されますように、と諫言した。五月九日、首相がようやく王に拝謁し、総動員発令の書状をさしだし、王様の署名を即刻いただきたいとうやうやしく申し立てた。ルートヴィヒは立ち上がり、かっとなってそこにあったひとかかえの本を不運な首相の顔めがけて投げつけた。そして退位したい、退位したい、とくりかえすばかり。

じつのところ、ルートヴィヒのなかで戦争への嫌悪感がほかの感情を一掃していたのだ。彼は戦争のシンボルである軍隊を毛嫌いしていた。それでも結局、数時間後には総動員令に署名した。そのあと、自分のしたことにげんなりして、ベルク城にこもってしまった。愛するワーグナーと離ればなれになっていることは死ぬほどの苦痛である。戦争がせまりつつある。ミュンヘンで議会を開会すべきときになってもなお、ルートヴィヒはルツェルン湖のほとりに住むワーグナーのもとへ急いだ。バイエルンの人たちは国をあげてひたすら王の決断を待った。ワーグナーはルートヴィヒに、おちつきをとりもどし、尊厳をもって王のつとめにあたるよう言上したが、ルートヴィヒはワーグナーから離れられなかった。

ミュンヘンでは国会の会期を延期せざるをえなくなった！　ようやく重い腰を上げて王が首都にふたたび姿を現わしたとき、出迎える人々の態度は冷淡で、王の一行が通ると口笛でやじられるほどであった。王が国会におもむく意思を表明すると、助言者たちは最悪の事態をおそれた。はたして、王は国会で「大ドイツ国家」について語り、ドイツ人どうしの戦争は「内戦」である、と言いきった。これに反発する者たちは一斉に異議を唱えた。

バイエルン王国はオーストリアと同盟し、戦争がはじまった。ルートヴィヒはいとしいタクシスとバラ島に出かけた。バイエルン兵が戦死しているとき、この二人は仲睦まじく花火を上げていた。このような状況でも、ルートヴィヒのもっともよき助言者はやはりワーグナーであった。明晰なワーグナーは王の人気ががた落ちで、だれも支持しなくなることを懸念し、ルートヴィヒに戦いの前線に向かうことを勧めた。そのひとことが王を大いにのり気にさせ、さっそく兵隊たちに合流した。日中はずっと馬上ですごし、臣下たちの敬愛を一気にとりもどした。ミュンヘンに帰還した王は、比べるもののないほどの大歓声に包まれた。

戦況はしだいに王に不利な形勢に傾いた。プロイセン軍はハノーファーを打ち破り、つぎにオーストリア軍と敵対し、ケーニヒグレーツで壊滅させた。その間ルートヴィヒはバラ島で『ウィリアム・テル』の衣装をデザインしていた。

バイエルン軍にとって戦闘は潰走へと変わった。ルートヴィヒはビスマルクの和平条件をのまなければならなかった。三万フローリンの賠償金と、住民三万人を擁する三県の領土割譲である。ビスマルクは目標を達成した。プロイセンはくだんの公国ならびにハノーファー、ヘッセ選挙区、フランクフルトを併合し、マイン川以北の諸連邦が北ドイツ連邦を形成することになった。連邦の首相は、いわずと知れたビスマルクである。

†

バイエルン王ルートヴィヒ二世の政治活動について多くの歴史家が誤った評価をくだしてきた。王の在位中、国政にかなり積極的に取り組んだことは、彼らも認めざるをえなかった。オーストリア＝プロイセン戦争の混乱のなか、ルートヴィヒはたえず巧妙に行動した。ドイツ統一を支持していた彼は、「大ドイツ」はいつかかならず生まれるのであり、バイエルンもいやおうなくプロイセンの軍門にくだることになると見通して、事態を掌握しようと努めた。敗戦処理では、これ以上ないくらい巧みに立ちまわった。こうして戦には敗れたものの、彼はバイエルン王国の独立性を強めたのである。

プロイセン王ヴィルヘルム一世がニュルンベルク城の古い要塞を敗戦の代償として明け渡すよう表明すると、ルートヴィヒ二世はむしろ共有することによって「プロイセンとバイエルンが将来のドイツの守護者としてならび立つことの象徴」となると提案した。この戦争に閣僚と軍人は敗れたが、ルートヴィヒは「バラの匂いをかぎ、突拍子もない衣装をまとってオペラ遊びをしながら」勝った。ジャン・デ・カールの見方、すなわちバイエルン王は祖国に「国家元首としての意外な資質」を示した、という説に賛同すべきである。

同じころ、ルートヴィヒはパウル・フォン・タクシスとは仲違いしていた。[2] タクシスは別の副官と交代させられ、新しい副官ももちろんローエングリンの衣装を身につけることを求められた。

ルートヴィヒにとっての神は依然としてワーグナーである。その愛するリヒャルトの音楽をときおり一人の少女が奏でる。彼女の名はゾフィーという。

†

ほかでもない、シシィの妹で、彼にとっては縁続きにあたるゾフィーである。二人のあいだにはしだいに、友情以上の気持ちが芽生えた。ただゾフィーがいるだけでこれほど心がかき乱される、そのことに彼は驚いた。こんな気持ちになったのはこれがはじめてだった。これが女性に恋をするということなのか。ただ、手紙には「愛」という言葉を使わないように気をつけていた。「愛」はワーグナーのためだけに使うと決めたから。

一八六七年一月二一日、王宮で盛大に催された舞踏会で、ルートヴィヒがゾフィーにだけやさしく接するのに注目が集まった。その夜のうちに、ルートヴィヒは就寝中の母君を起こして若い王女との結婚の意志を告げた。その一時間後、朝方六時にはゾフィーの父君のバイエルン公マクシミリアンに結婚の承諾を得るために出向いた。

その晩、『ローエングリン』が上演された。ロイヤルボックスのなかでゾフィーの美しさはひときわ輝いていた。婚礼の日取りが正式に告げられた。八月二五日である。ミュンヘンじゅうが歓喜にわいた。さんざん流されてきた噂はぴたりとやみ、ワーグナーのことは忘れさられた。バイエルンにお妃さまが来られる！

この壮大な結婚式の準備のために、ルートヴィヒは王宮の大温室を拡張して熱帯の林を再現し、背景にはヒマラヤを描いた広大な風景画を配した。仕上げに異国情緒を盛り上げようと、池に丸木舟まで浮かべた。

ルートヴィヒは彼らしい率直な言い方でゾフィーに打ち明けた。「リヒャルト・ワーグナーはぼくにとって神さまだってこと、知っていてくださいね」。だから、ゾフィーのことをエルザとよんだ。ワーグナーがミュンヘンに来ることがわかると、ルートヴィヒはそれをゾフィーに、最高に幸せなおももちで知らせるのだった。ところがワーグナーの滞在は最悪の結末を迎えた。ワーグナーはこのとき『ニュルンベルクのマイスタージンガー』の作曲にかかりきりになっていて、王の招待を何度もお断わりした。それに、コジマがワーグナーの愛人であることをルートヴィヒも認めざるをえず、ワーグナーの純粋なイメージはとうとうけがされてしまった。失意に沈むルートヴィヒはベルクへ、それからポッセンホーフェンへしりぞき、ひきこもった。

一八六七年五月六日、見知らぬ若者が馬の手綱をルートヴィヒに差し出した。長身で金髪、青く美しい瞳のその男に、たちまちルートヴィヒは心ひかれた。若者はリヒャルト・ホルニヒと名のった。二四歳である。祖父が厩舎長だったので、小さい頃から馬に囲まれて育った。出会いから数時間後、ルートヴィヒは彼をバラ島に案内する。すぐに二人はつれだって旅行する仲になり、一八六七年のパリ万博で目撃された。ヴェルサイユにも二人で出かけた。若い王にとって、太陽王ルイ一四世の広大な宮殿の訪問は驚嘆の連続だった。大噴水の前で幸福に酔いしれた。トリアノンではまるでマリー＝アントワネットに出会ったような気になった。

ルートヴィヒはナポレオン三世の招待を受けて、ヴィオレ・ル・デュクが修復したピエールフォン城を訪問した。突然、彼の想像力が大きくふくらみ、いくつもの城を自分の監修でバイエルンに築くことを思いついた。城を建てて彼の愛してやまない中世にオマージュを捧げるとともに、ルイ一四世の栄光を顕彰することを心に誓った。リヒャルト・ホルニヒも王の高揚感に同調した。そうするしかなかったのだが。

ミュンヘンに帰ったルートヴィヒを待ち受けていたのは、だが城ではなくて結婚の話だった。そのときは近づいてくる。とり乱した彼は、結婚の日取りを一〇月まで延期すると発表した。ついで一一月まで延期した。ゾフィーは悲嘆にくれた。王はふたたび昼も夜も苦痛にさいなまれた。女の身体をベッドで抱きしめるという、彼にとっては耐えがたいイメージからのがれられない。これまで克服できると信じてきたこの困難が立ちはだかり、ついに婚約を解消した。ゾフィーをまだエルザとよぶものの、自分はローエングリンには決してなれないと悟った。彼の日記にはこう書かれる。「ついにゾフィーから解放された。気のふさぎは解消だ。わたしは自由を切望した。そしてこのおぞましい悪夢から復活する」

ゾフィーの姉シシィは当然のことながら激怒した。ゾフィーはやがて「フランスの王族」アランソン公爵と結婚したが、バザール・ド・ラ・シャリテ［フランスの貴族が毎年開催したチャリティ・バザー］会場の火災にまきこまれ亡くなった。またしてもヴィッテルスバッハ家の不幸がくりかえされた。

ルートヴィヒにはワーグナーとずっと仲たがいを続けることなどとてもできない。ワーグナーと再会した瞬間に、心にいだいていた反感は氷解した。ワーグナーに大温室を見せながら、ホーエンシュヴァンガウの近くの山中に城を建てるつもりだと告げた。それがノイシュヴァンシュタインで、ルートヴィヒがオペラを通じて練り上げてきた中世のイメージを反映させた城である。仲直りのしるしに、ルートヴィヒは『ニュルンベルクのマイスタージンガー』の初演を鑑賞し、ロイヤルボックスの王の隣にはワーグナーが着席した。

†

バイエルン王ルートヴィヒ二世がエムス電報事件を知ったのはホーエンシュヴァンガウ城においてである。ナポレオン三世のフランス政府は、プロイセンのヴィルヘルム一世に対して、ホーエンツォレルン家の王子をスペインの王位継承の候補者にしないことを確約するよう強く要請した。ヴィルヘルム一世はこれに同意し、王子の立候補は取り下げられたが、戦争をしかけたいビスマルクが世論をたきつけた。会談後に打たれた電報文をビスマルクが故意に礼儀を欠く表現にあらためて発表したため、パリは敏感に反応し、フランスはプロイセンとの戦争に駆りたてられたのだ。

ルートヴィヒが戦争を嫌う気持ちは以前といささかも変わっていない。とはいえこのときは、バイエルンのためにやむをえず軍隊の動員を決断し、あえて統一ドイツのもとに再集結する道を選んだ。その結果、バイエルンがプロイセンの衛星国になりさがることが予測されたのであったが。参戦は国民の意向でもあった。ミュンヘンの王宮のバルコニーに現われたルートヴィヒは、かつてないほどの歓声で迎えられた。その晩に上演された『ワルキューレ』を鑑賞し、感涙にむせんだ。

家臣たちが前線に向かう一方で、ルートヴィヒは山間部にある城へ戻った。ノイシュヴァンシュタイン城造営の監督に熱中し、いまやそれが彼の情熱のはけ口となっていた。ミュンヘンから帰り、ナポレオン三世のフランス軍がスダンで壊滅したとの知らせを受けて大喜びしたか、といえば、まったく、である。お祭り騒ぎなど望まなかった。ルイ一四世が彼にとってどれほど偉大な存在であるか、忘れることができようか。ナポレオン三世と皇妃ウジェニーの手厚い歓迎も記憶に新しかった。彼の好意はほとんどすべてフランスのほうへ向けられ、プロイセンにはほとんど向かなかった。プロイセン側につく、という決断は、もっぱら純粋な政治上の必要性にもとづいていたのだ。国政と王自身の心情の矛盾からのがれるように、ルートヴィヒは王宮の温室にあるヒンズー教の小屋にこもった。リヒャルト・ホルニヒをともなって。

ルートヴィヒは我をとおし、フェリエール城で開かれたフランス政府との講和会議への臨席を断わった。ドイツ帝国の誕生は支持したが、ヴェルサイユ宮殿の鏡の間でドイツ帝国の誕生が厳かに宣言されたとき、彼は欠席した。代理として弟のオットーが列席した。

ルートヴィヒがこれほど大切に思うヴェルサイユがドイツ帝国成立の舞台となってしまった！宮殿が冒涜されたことはルイ一四世自身が侮辱されたように感じられた。こうなったらバイエルンにヴェルサイユに匹敵する宮殿を急いで建てなくてはならない。

†

ルートヴィヒを理解するには、バイエルンにあるルートヴィヒ二世の城を訪れておくべきだ。すくなくとも写真を見ておくべきだ。なによりも、これらの石造りの城にルートヴィヒのさまざまな夢が実現されていることを心にきざむべきだ。

一八六八年五月一三日には早くも、リヒャルト・ワーグナーに宛ててこう書いた。「ペラト峡谷に近く、ホーエンシュヴァンガウにある打ちすてられた古城を、目下ドイツの古い城塞の様式で再建しようと計画しています。これ以上ない絶景の地です…」。まさに想像を絶する立地である。中世を模したこの城は面積五九三五平方メートル、岩山にそびえる城の標高は、なんと九六五メートルもある！　ホーエンシュヴァンガウの忘れられた古城跡は「新しい石の白鳥」を意味するノイシュヴァンシュタイン城に生まれ変わった。この城には装飾的価値しかないのだが、その装飾たるや、驚くべき豪華絢爛さである。ルートヴィヒ二世がなにかにつけもちだしたドイツの過去の栄光と、ワーグナーをとおして彼がのめりこんだローエングリンの両方をこの城は体現する。

ルートヴィヒをこきおろす者たちは、この豪勢な城の造営がバイエルンを破産させたとくりかえし訴えるが、彼らは誤解しているか、あえて嘘を述べている。ルートヴィヒが建てた城の造営費用は王の個人資産と王室費からまかなわれたのだから。もっとも、投入された資金がつねに事前の見積もり額を超過したのは事実である。予算の超過分を支払うために、王は国家から借金をし、その返済は後継の王たちに引き継がれることになる。それにしても、一八八六年の一年だけ、ノイシュヴァンシュタインのみの築城にかぎっても、かかった経費が六一八万四七金マルクと聞けば仰天である！　バイエルンで厳しい非難の声があがったのも無理はない。

ルートヴィヒはそんな非難は気にとめなかった。それどころか、工期のあまりの長さにいらだち――自分が死ぬまでに完成するのだろうか？――、もう少し小さくて、より人間のスケールに見あった居城、いわばヴェルサイユに対するトリアノンのようなものを建設しようと望んだ。その結果完成したリンダーホーフ城はたいへん出来栄えがよく、あきらかに魅力あふれるロマン主義の宮殿であり、ルートヴィヒ二世が唯一存分に利用した城であった。

ルートヴィヒが三番目に造営した城、ヘレンキームゼー城には、彼が崇敬したルイ一四世への狂おしいまでの称賛がこめられている。幼少時から古典悲劇やサン＝シモン〔フランス貴族。その『回想録』にルイ一四世晩年の宮廷生活や政治への考察が記された。社会主義思想家のサン＝シモンは遠縁〕を読みながらルイ一四世への思慕をつのらせてきた彼である。こうしてルイ一四世の歴史的真実と、しだいに大きくなる彼へのあこがれがないまぜになっていった。ヘレンキームゼー城では、その夢が破天荒な変容をとげていた。ルートヴィヒは偉大なルイ一四世の生活様式をこバイエルンにそっくり再現したいと願った。太陽王が熱望して作らせたものの、一七五三年に王を冒涜する者たちによって撤去された大使たちの大階段〔ヴェルサイユ宮殿の王の居室に設けられた大階段〕の再建に執着した。この城の鏡の間はルイ一四世のそれより美しく造るよう要求し、目標が達成されることを信じて疑わなかった。

しかしルートヴィヒがヘレンキームゼー城を訪れたのは一度、たった一度きりである。夜通し、何千ものろうそくが灯された鏡の間を歩きまわり、翌朝には城をあとにしたのだった。

†

その晩もいつものようにリヒャルト・ホルニヒは王のそばに仕えていた。二人の関係は長く続くことになる。ホルニヒが権勢をふるっていたこの時期、一時的に寵愛に影が差したことは何度もあり、たびたびルートヴィヒは突然別の人物に熱を上げた。だがつねにホルニヒのもとに戻ってきた。だれもがホルニヒを、王への取り次ぎを頼むのに不可避の存在と見ていた。大臣たちはホルニヒのごきげんをとった。築城に必要な資金を集めるのがホルニヒの役目だった。ロートシルト家にまでもお願いに出向いたのだった。

ホルニヒはルートヴィヒにまちがいなく深い親愛の情をいだいていた。しだいに王をせめさいなむ苦痛に心を動かされ、なによりも大きな憐れみを感じた。あれほど若かった王は年をとり、美しさも失せたが、まだ夢を追いつづけていた。

しかしとうとう、避けられない決別の日がやってきた。ホルニヒがたった一度うっかり「われわれ」と発言したのを王は見逃せなかった。ルートヴィヒから解放されたホルニヒは結婚し子どもが生まれた。ルートヴィヒは家を一軒あたえ、毎年その家で数日間すごすようになり、心の平和、もしくはそれに似たものをとりもどしたように見えた。

ホルニヒが去ったあと、ルートヴィヒは城に集めたお気に入りの若者たちを副官に任命した。このところは、俳優たちにご執心だった。ひいきの役者に花を送り、宮殿に招いた。こうしてリンダーホーフ城によばれたのがヨーゼフ・カインツである。王は王宮の内部に作られた洞窟のサンゴ礁の上から、ロゼのシャンパンを飲みながら双子の白鳥が泳ぐのを見ていた。そこへ招じ入れられたカインツは思いきってごあいさつを試みるも、あがって固まってしまった。姿は見えないが近くに陣どるオーケストラが大音響で演奏するので、役者が話すことはあいにくまったく聞こえなかった。ルートヴィヒは三日間にわたってロマン派の芝居をすべて演じさせた。カインツはたえずさまざまな人物を演じ分けなければならなかった。ようやく三日間演じ終わって消耗した彼に、王はもう一週間いてほしいと懇願した。一週間後にはまた一週間の延長。カインツはシャンパンを何リットルも飲むはめになった。じつはシャンパンは苦手だったのだが！　ようやくミュンヘンに戻ると、カインツは二日二晩眠りつづけた。お城での滞在中にどんなすばらしい体験をしたのか聞きたがる人々に、カインツはため息まじりに「ともかく眠らせていただきたかったのですが」と言った。

ほどなく、ルートヴィヒはカインツをともなってスイスに向かい、リュトリの丘にむりやり登らせた。やっとの思いで頂上に立ったカインツに、ルートヴィヒは詩の朗唱を命じた。疲れはてかすれ声のカインツは、朗々とは暗唱できなかった。王の怒りが天をつき、居丈高にカインツにいとまを申し渡した。その後、二人はふたたび会うことがあってもまたすぐに別れるのだった。それでも、のちにカインツはオーストリアとドイツで最高の俳優になった。

†

ルートヴィヒ二世にもっとも批判的な政敵たちも、王の考え方はバイエルンの人間として非常にリベラルだったことは理解していたはずだ。信仰心は篤かったが、教会と政府とは切り離すべきだと考えた。ユダヤ人排斥論を糾弾し、好戦論や暴力をしりぞけた。フランスとの和解を望み、ほかの諸国との和平を願った。ワーグナーとの書簡を読み返すと、そのことがよくわかる。[3]

不幸なことに、ルートヴィヒは長期間一つの考えをもちつづけることができなかった。しだいに孤独に逃げこむ機会が増し、大臣たちは謁見を願ってもときには数か月も待たされた。

目下のお気に入りはヘッセルスシュヴェルトとやら、馬丁の少年だったが、彼だけではものたりない。それからというもの、散歩で見かけた農民を召しかかえたり、従僕のうちの見目麗しい者、また兵士から抜擢してわざわざ金を払って参内させたりして、おつきに登用してはべらせた。散歩は夜しかしなくなった。夏はルイ一四世ばりの豪華な馬車で、冬は木彫りのぜいたくな橇（そり）で。たいまつをふりかざす従者に囲まれた王の一行を遠巻きに見ると、まるで亡霊の行進のようだった。ルートヴィヒ自身、もはや亡霊のような存在になりはててしまった。

弟のオットーは精神異常を宣言されて王宮の一つに幽閉されていた。兄のルートヴィヒは？持病の頭痛が悪化してこれまでにないほど苦痛にあえいでいた。うわさでは、目の前で全裸の男たちを戦わせて楽しんだとか。そのうちの一人は命を落としたと断言する者もいた。そのような極端なできごとを匂わせる文書はなにもない。ただ、王が愛人にした者たちとの出会いはいくつも記録されている。それが一年だろうが一月だろうが、一日であろうが、彼の記憶にとどまりつづけ、いつも後悔と恥辱の思いにかられた。

ルートヴィヒ二世は自分自身がホモセクシュアルであることを受け入れることができず、罪の意識を強く感じていた。遺された秘密の日記を読めば、王の心の内奥をさいなんでいた悲劇のすべてが順を追って読みとれる。「堕落」した日付けをしるし、そのたびにあと三か月は罪を犯さない、あと一月は罪を犯さない、などとみずからに試練を課した。神の前に彼は誓うのだが、その誓いは守られたためしがなかった。

ルートヴィヒは不眠症になり催眠剤を服用した。しだいに人前に姿を見せなくなって、勅令は書面を通じて出された。気力が失せて、不潔な状況で暮らしていた。かんしゃくを起こしては、つるし首だ、銃殺刑だと命令を出した。もちろん、一度も実行されることはなかったが。

一八八三年二月一三日、リヒャルト・ワーグナー死去の知らせがとどくと、ルートヴィヒはため息をついて「わたしの一部も今夜死んでしまった」と述べた。

そして彼の城のすべてで弔旗を掲げさせた。まるで王自身が亡くなったかのようだった。

バイロイト祝祭劇場の建設はルートヴィヒ二世の出資のおかげで完成にこぎつけた。神ともあおぐワーグナーにルートヴィヒが捧げた究極のオマージュである。毎年、ワーグナーの追悼ミサにほかならぬバイロイト音楽祭にあずかる者たちは、これを可能にしたルートヴィヒ二世に思いをはせるべきだ。みずからは運に恵まれず、身を切るような苦悩にさいなまれながら、渾身の力をこめてワーグナーの才能の開花、成功と栄光を願ったこの王のことを。

ワーグナーは世を去り、ルートヴィヒ二世は落ちこんだ。

彼は肥満し、顔はひどくむくんだ。歯はすべて抜け落ちた。王の財産はもう残っていなかった。それでも彼はまだ夢を追い求める。また新たな城、ファルケンシュタイン城を建造しようと、図面を引かせた。これにはミュンヘンから抗議の声があがった。大臣たちはもはや国庫には王に用立てる金はいっさいないことを知らせた。まだヘレンキームゼー城も完成していないのに、今度はファルケンシュタインなど、もってのほかだ！

金を作るためなら、バイエルンを売ることも辞さず、と王は告げた。丁重にお諫めした閣僚たちを、ルートヴィヒは即刻罷免した。新たに内閣を任命し、その首相は王の理髪師がつとめ、おかかえの料理人も二人入閣した。王の組閣が無効とされたことはもちろんである。

王の暴走はどこまで続くのか？　同じ頃、城内の牢獄につながれた弟のオットーは、おどろおどろしい叫び声をあげていた。ルートヴィヒ二世には見張りがつき、王が昼も夜も走り書きするメモを回収した。閣議でその常軌を逸したメッセージがまわし読みされ、大臣たちはショックを受けた。

首相のルッツは王位継承者であるルイトポルト王子［ルートヴィヒ二世の叔父にあたる］のところへ向かった。気のふれたオットーに王位を継がせることはできなかった。ルッツはルイトポルト王子に質問した。「王様にあきらかな精神の異常が認められる以上、どういたしましょうか？」ルイトポルト王子はためらっていた。たしかに、甥は正常ではないが、このまましばらく静観してもよいのではないか？　ルッツはそれは危険だという。いったいどんな？　ルートヴィヒはおよそ人に危害をくわえる人間ではない。ルッツは王に一度もお目どおりがかなっていないので、恨みの気持ちがしだいに大きくなっていた。だからゆずらない。フォン・グッデン博士を座長とする精神科医の会議を招集したいと願った。ときは一八八六年春のことである。

五月の終わりのさわやかな一日、ルートヴィヒ二世はリンダーホーフからホーエンシュヴァンガウ城に転居した。そこでしばらくは幸福な気分にひたれただろうか。彼は議会に借金返済のための新たな貸し付けを要求し、議会はこれを拒絶した。ルートヴィヒはまたしても激高した。

精神科医たちが王の使用人、寵臣、かつての副官たちに聞きとりをすると、彼らはルートヴィヒの奇行や奇態を言い立てた。一生を通じて、夢を追いつづけた一人の男のことを彼らはどう理解していただろうか。彼ら自身、夢を見るとはどういうことか、わかっていたのか。六月八日、精神科医のくだした病名はパラノイアであった。ルートヴィヒは治療不能、統治能力なしと宣告された。

翌日、ホーエンシュヴァンガウに向けてわずかな人数の一団が出発した。その任務はルートヴィヒ二世に退位を認めさせることであった。王がこばめば、幽閉し王位を剥奪することになる。外務大臣兼王室担当大臣であるホルシュタイン伯爵が彼らの先頭に立った。フォン・グッデン博士が続き、次に補佐のミュラー医師。五人の看護人も同行した。

真夜中に一行がホーエンシュヴァンガウ城に到着すると、王はもうそこにはいなかった。ノイシュヴァンシュタイン城に向けて発った後だった。ホルシュタインはすぐさま後を追うことにする。

†

ルートヴィヒは夜中の二時にノイシュヴァンシュタインに着くと、すぐに城の防御を固めた。目撃者の証言。「大臣たちは前に進み、医師たちは後ろにひかえていた。ホルシュタインが護衛官にルイトポルト王子の署名入りの全権委任状を見せた。だが近衛隊のツィーマン隊長はつっぱねた。『その全権委任状は無用です。わたしは王様の命令しか認めません！』そして敵をねじふせようとした。近衛兵が銃口を彼らに向けた。一人の医師が近づいてきて杖ではらわれると、なにかが地面に落ちてクロロフォルムの臭いが広がった。『あと一歩近よれば撃つぞ！』叫ぶツィーマン。そこで、訪問団は退却を決め、急いで馬車に戻った。御者が鞭（むち）をならし、ふたたび馬車をつらねて丘をかけくだった。そのなかの一台は、四頭立ての質素なキャリッジで、からのまま走っていた。王を捕縛して乗せるための馬車だった。キャリッジのなかには、王の身体を馬車にしばりつけるために訪問団があつらえた、太い革のバンドがとりつけられていた[4]」

訪問団のメンバーはホーエンシュヴァンガウに戻るほかなかった。とんだ茶番に渋面の先生方。とくに、身体をはって抵抗する近衛兵や使用人たちには衝撃を受けた。それに道すがら目にした農民たちもたいへん思いつめた表情で、自分たちの王様を守るためにノイシュヴァンシュタインへ歩みを進めていた。

朝の六時、訪問団の一行は突然大きな物音を聞いた。近衛兵たちがなだれこんできて、ルートヴィヒ二世の命令により彼らを逮捕すると告げた。ミイラ取りがミイラになった！　彼らは徒歩でノイシュヴァンシュタインまで戻され、途中で農民からはののしられた。なかには手ひどい仕打ちをくわえようとする者もいて、近衛兵たちは一行の身辺警護にあたらなければならなかった。城に着くと、彼らは幽閉された。ほどなくして、倦怠感に襲われたルートヴィヒ二世は、釈放を命じる。この者らをわが身の近くにとめ置いたとて、なにになる？　訪問団の一行は用意された馬車に飛びのるとミュンヘンめざして一目散に逃げ出した。

夜になってもルートヴィヒ二世は意気消沈していた。以前副官をつとめたデュルクハイムは、王にもミュンヘンに行くよう勧めた。行けば自分は精神を病んでいないとみずから申し開きすることができよう。

「それはできない」ルートヴィヒはうめく。「あの町は嫌いだ」

「オーストリアまでお逃げなさい！」

「オーストリアまで行ってなにをせよと？」

ルートヴィヒとデュルクハイムは声明文を書き上げた。王はルイトポルド王子から命ぜられた廃位とその有無をいわせぬやり方に抗議した。役人や兵士たちには王の命令に従うよう命じた。王の側でいつでも戦える用意をすべし！　しかしこの文章はたちまち差し押さえられ、宛先人のだれひとり受けとって読むことはなかった。

次の訪問団がすでにノイシュヴァンシュタインへ向かっていた。たそがれどき、警官隊が城をとり囲んだ。電報によってよびだされたデュルクハイムは城から立ちさっていた。使用人たちはほとんど全員逃げた。昼のあいだずっとルートヴィヒは部屋から部屋へと歩きまわっていた。長々と、ローエングリンの描かれた壁画を、彼の関心をこれほどまで引きつけた風景をじっと見つめた。だしぬけに、彼は侍従のウェーバーに塔の鍵をもってくるよう命じたがウェーバーは言葉を濁した。今度は従者マイヤーに頼むが、こばまれた。彼らはこの塔をよく知っていて、ルートヴィヒが誘惑に負けて高さ七〇メートルの塔の上から身を投げることをおそれたのである。

二度目の訪問団が深夜零時の数分前に不意に現われた。マイヤーは医師のフォン・グッデン博士に、王の居住棟に決して立ち入らないよう懇願した。さもないと、ルートヴィヒ二世は窓から身を投げるかもしれない。マイヤーには一つの計画があった。王に、探していた鍵が出てきたと言って塔の鍵を渡す。するとルートヴィヒはまちがいなく塔へ向かうだろう。あとはタイミングをみはからって看護人たちに王の身柄を確保させるだけだ。

この計画が着実に実行に移された。看護人たちは王に着せる拘束衣を用意して廊下の物陰にひそんだ。王が住まいから塔に昇るためにはその廊下をかならず通るのだ。ルートヴィヒは鍵を手に階段に近づいた。看護人二名が王に飛びかかり、とり押さえて拘束衣を着せた。

メロドラマの裏切り者よろしくフォン・グッデン博士の登場だ。心にもなく王をほめそやし、以前にもお目にかかりました、と奏上した。ルートヴィヒはフォン・グッデンに目を向けたが、まるで見えていないようだった。長いことかかってようやくうんざりしたように視線を投げかけてこう言った。「わたしを診察もしないで、どうやってわたしの健康状態を判断することができるのか?」

ここからグッデンの長講釈がはじまった。延々三時間も続いた。ルートヴィヒは辛抱強く聞いていた。どうやらこの時間を利用して逃げ出す方法を考えているようだった。心神喪失とされた彼だが自分の状況を完全に把握していた。ベルクに行きたいかとたずねられると、すぐに同意した。ベルクは青春時代を送った、幸せな思い出にあふれた城だ。そして自分の計画を実行するのに最適な城でもあった。

六月一二日、土曜日、朝の四時。王の一行はベルクへ出発した。ルートヴィヒは一人、馬車にゆられていた。ドアの取っ手をしっかりにぎっていた。八四キロの道のりを八時間で走破し、正午前にベルクに到着した。ルートヴィヒは居住棟へ導かれた。そこで食事をし、ベッドに身を横たえてしばしの睡眠をとった後、悶々と寝返りを打ちはじめた。

†

六月一三日、日曜日。ルートヴィヒは朝の二時に目を覚ますと、そのまま六時までベッドにいた。使用人をつけることを許されなかったので、一人で身仕度をととのえた。城内にはハンマーのつち音が響いている。窓という窓に格子をとりつけているのだ。

八時一五分、ルートヴィヒはグッデンと助手に会った。おちついているように見えた。ミサに出席したいと願ったが、グッデンはこばんだ。一〇時には散歩に出たいと言い、これにはグッデンも同意した。ただし、自分が王につきそうという条件つきで。外は雨模様だった。ルートヴィヒと医師は城を出た。王は分厚いダブルの、ビロードの襟がついた外套を着用し、雨傘もさしていた。護衛官が二人ついた。しばらくすると、グッデンは王のようすがおちついているのに安堵して、護衛官に距離をとって後ろからついてくるように指示した。城に戻ると、夕方にもう一度散歩に出ることになった。

王は一人で昼食をとった。一八時半、予定どおりにルートヴィヒ二世とグッデンは散歩に出かけた。グッデンは「看護人は王様につきそってはならない」とはっきり伝えた。これで王とグッデンの二人だけになった。

二〇時になっても二人は帰ってこなかった。

その後湖畔で二人の遺体が発見された。グッデンの脚は陸地に伸びていたが、顔は水に浸かっていた。首には絞められた跡があった。王の遺体はもう少し先の浅瀬に横たわっていた。目撃者は、王の顔は若いときの美貌をとりもどしていたと証言した。享年四一歳だった。

†

歴史家のなかには、ルートヴィヒ二世は湖水に入り、その場をのがれて対岸のポッセンホーフェンまで泳ぎわたろうとしたと推測する人たちがいる。そこに行けばいつも自分の味方でいてくれるオーストリア皇后エリーザベトが、拘束が解かれるように手助けしてくれる、と考えたのだろう。それを押しとどめようとしたグッデンをルートヴィヒは殺した。しかしそこで力つきておぼれたのだろう。

また別の歴史家たちは、ルートヴィヒ二世はおそらく殺されたのだ、という説を唱える。王の精神病はもう治らないほど悪化していたわけではない。「ルートヴィヒ二世はその浪費に激怒した近親者たちがめぐらした欲得ずくの陰謀の犠牲となった」とJ・ブーシェ氏はわたしに書いた。彼女は長年ドイツの古文献をとおしてルートヴィヒ二世の生と死を研究し博士論文にまとめている。彼女は「ヴィッテルスバッハ家のアーカイブから引き出された膨大な文書がドイツの研究者の関心を集めはじめている」と指摘する。いくつかの気がかりな個所を強調し、とりわけ「これまで定説とされてきた、王が湖に身を投げ、追ってきたグッデンを溺死させてから自殺または逃亡を試みた、というストーリーには首をかしげたくなる点が多い」と主張する。彼女が引用する城の近衛隊長の証言によれば、ルートヴィヒ二世とグッデンが散歩した区域は「もっとも危険なエリアであったが、そこだけが監視の除外区域だった。これはまったくの偶然ではなかった」という。ブーシェ氏はまた、看護人の隊長モーデルの供述と一九五〇年になってようやく出版された彼の日記からも引用する。それによれば、王にはグッデンが看護人たちに散歩への同行を禁じたのが聞こえるはずがなかった。また、バイエルンの閣議が、ある近衛兵が散歩に出た二人の二百歩後方から尾行した、と嘘の声明を出したのも不可解である。さらに、当時ミュンヘンに駐在していたプロイセンの外交官によれば、城の総督が湖水方面の捜索を二二時までいっさい禁じた、という。「後日この件にかんして彼の釈明はしどろもどろだった。どうして捜索開始をここまで遅らせたのか。二人は湖水のほうへ散歩に行き、二〇時には戻る予定だとわかっていたのに。それについては、総督が真っ暗闇になるまで待つことを望み（たしかに六月一三日の日暮れは遅い）、また湖の外での追跡を避けたかったという説明しかない」

ドイツ人歴史家のR・ハッケル氏は異なる証言をつきあわせて決定的な矛盾を発見し、あきらかな作り話（ルートヴィヒ二世の遺体の位置についてなど）を複数見つけたという。たとえば、特別法廷は六月一四日の朝に現場検証を行なったが、湖面が荒れていた、との理由ではっきりした結論をくださなかった。「しかしながら、政府から派遣された役人のグループ（彼はルートヴィヒ二世に対する陰謀に加担し、とくにドイツ皇帝から王へ財政支援をもちかけた手紙を閣議に内通するなど画策した）は、あきらかに争った跡があったと電報を打ち」、もっと遠くまで王の足跡が残っていた、とする。

六月一五日、土木技師たちが現場の数値化された正確な見取り図を作成した。その結果、二人に争った跡はなく、「王が一人で沖合まで行き、おぼれ死んだ」ことを示す事実もいっさい見いだせなかった。それでも特別法廷は、六月二五日にふたたび現場検証をしたうえで、争いの跡が認められ、一つの足跡がずっと沖合まで続いていたと結論づけた。

ベルク城に雇われていた漁師のヤーコプ・リドルの証言は混乱している。その晩、寝ていた彼は二一時三〇分に起こされ王の捜索に向かった。翌朝五時、小舟にシュタルンベルクの医師ハイスを乗せて湖にこぎ出し、ずっと湖底をのぞきこんでいたところ、一メートル五〇センチ以上ひきずった跡が見つかったが、争った跡はなかった。リドルは、王の顔がかつて引き上げた溺水者の顔とはまったく違って見えたと証言する。リドルが死後（一九三三年）に遺した覚え書きには「王様はクロロフォルムをかいで意識を失われたか、心臓発作に襲われた」と記された。そしてリドルは城の電信技師から王様が「消された」と打ち明けられ、総督以下、陰謀に加担した者たちの名前を告げられた。

リドルが別の王室漁師から聞いた、という話にいくらかでも信憑性を認めるべきであろうか？この者は、湖の奥まで王とグッデンの足どりがあったように偽装するよう命じられて、言われたとおりに実行した、とリドルに打ち明けたそうだ。

†

もう一つ興味深い事実がある。ルートヴィヒ二世の死体検案書は死因について沈黙を保ったままだ。J・ブーシェ氏は「検死委員会のメンバーにはルートヴィヒ二世の御典医のフォン・シュラス博士もくわわっていたが、彼はもともと王の監禁に反対していた人物で、死因にかんする虚偽の記載があれば死体検案書に署名することをこばんだと思われる」という。もう一つの疑問は「なぜグッデンの遺体は検死にかけられなかったのか？」という点だ。

ブーシェ氏はビスマルクの側近が発信した文書や手紙――ホルシュタインが書いた文書や、ヘルベルト・フォン・ビスマルク（宰相の息子）の書簡など――を読めば、ルートヴィヒ二世の死が「長い政治的悲劇の結末」と考えられるという。王の死によってドイツの統一が完成した。以後、ルートヴィヒの後継者たちはベルリンに忠誠を誓い、ドイツの中央集権は強化され、バイエルンの帝国軍事費への拠出金は驚くほど増加した。「ほどほどに人間らしく愛国的な」ドイツを信奉したルートヴィヒ二世が生きているかぎり、ビスマルクの目的は達成できなかっただろう。

歴史はルートヴィヒ二世の暗殺説を認めるべきだろうか？ 答えはおそらくイエスだろう。さりとて、自殺説もすてがたい。これを支持する人たちは、不運な君主が、自分はもはや亡霊のような存在だと自覚していたと考える。これ以上生きていてなにになる？ そうであれば、彼にとっての逃亡が、憐れみ深い神に身をゆだねることに帰結することに不思議はない。グッデンという障害を排除したあとに、彼が夢を浮かべてきた水面、そしてエルザに会いに行く白鳥の騎士ローエングリンがすべるように進んだ水面に身を横たえる姿がよく想像できる。彼は死を待っていた。そしていま、そのときが来た。

はたして真実はいつか明らかになるだろうか？

†

正式コミュニケは偶発的な事故が二つ重なったとしか報じなかった。厳かな葬儀がとりおこなわれた。バイエルン王ルートヴィヒ二世が亡くなってはじめて、生前に彼があれほど執着していた王室の威厳は完全にとりもどされた。「かくのごときが朕の意思なり」。国民はこぞって棺台の前に列をなした。王の手には、オーストリア皇后エリーザベトが手向けた白い花束が置かれた。今日、バイエルン王ルートヴィヒ二世が永遠の自由をとりもどした水面には一本の十字架が立っている。「気が狂った王の十字架だ」と人々は言う。

だが狂気とはなんだろうか?

〈原注〉

1 Desmond Chapman-Huston : *Tragédie fantastique. La vie de Louis II de Bavière*, traduction d'Anne-Marie Soulac (1957).

2 Jean des Cars : *Louis II de Bavière ou le roi foudroyé* (1975). ジャン・デ・カール『狂王ルートヴィヒ――夢の王国の黄昏』改版、三保元訳、中央公論新社、一九九八年。

3 大学教授資格取得者J・ブーシェ氏の著作による。

4 Jean des Cars の前掲書より引用。

5 偉大なるアラビアのロレンス（一八八八―一九三五）

またがっているメハリ［早駆け用のヒトコブラクダ］の上で体を激しく上下にゆらしていた男がいちばん気にかけていたのは、太陽から目を守ることだった。白すぎるくらいに白い砂は鏡となって、無慈悲な太陽光を彼に向けて反射させていた。男は庇にしようと頭巾の端をひっぱって下げたが、たえずもちあがってしまった。

彼は二人のアラブ人戦士に護衛され、まずはテハマを進んだ。テハマは、海と山にはさまれてはてしなく続く砂だらけの回廊であり、アラビア半島西岸で南へと通じている唯一のルートであった。この地方で、一行にいくらかの安らぎをあたえてくれるのは日没のみだった。メハリは、そのしなやかで規則的な歩みを決してゆるめようとしなかった。男はときどき、馬具の前輪を片手でにぎりしめたまま前方に倒れこみそうになり、鞍がたてる音もしくはメハリの一歩によるゆれではっと目を覚ました。

一行が眠るのは、まれに行きあった村や、井戸の端であり、睡眠は三時間ほど、しかも夜が更けてからというのが鉄則であり、夜明け前にはふたたび出発した。切り立った崖にはさまれた、砂利道もしくは砂だらけの道を進んだかと思うと、ラクダが水と草をたっぷりとることができるオアシスを通りぬけた。黒色もしくは赤色のごつごつした岩壁のあいだをすりぬけ、何時間もへてようやく、忘れていた椰子の木陰の涼しさを味わい、次にふたたびだれの足跡もない砂の灼熱地獄へとふみだす。筋肉はこわばり、皮膚は乾燥して硬くなり、ヒリヒリと痛む瞼をもちあげることはかなわず、目は細開きのままだ。

三日目の終わり、疲労困憊した男と二人の案内役は、庭つきの家が一〇〇戸ほど集まった集落にたどり着いた。大木が影を落とす小川の向こう、一行のラクダが「横長で低い」家の前で膝を折った。一人の奴隷が男を中庭へと招き入れた。背景は影に包まれて真っ黒な戸口に、白い服を着た人物が立ち、男が近づいてくるのを見つめていた。このようすは、写真のように男の脳裏に焼きつけられる。「わたしは一目見てわかった。これがアラビアでわたしが探していた人物、アラブの反乱を栄光に導く頭領だと。白い絹の長衣をまとい、茶色の頭巾を紫色と金色のロープをあざなった輪でとめていたファイサルは、非常に高くて細い円柱のようだった。彼は視線を落としたままだった。その黒々とした髭と無表情な顔は、不動ながら警戒を怠っていない不思議な雰囲気の体の上にあって、一種の仮面であった。体の前で交錯した両手は短刀の上に置かれていた」[1]

イギリス人将校ロレンスはこうして、メッカ［マッカ］のシャリーフ［宗教的指導者］の息子であるファイサルとはじめて出会った。アラブ反乱が大きなうねりとなる転換点であった。

†

「われわれの時代のもっとも傑出した人物の一人」とチャーチルから評価されたトマス・エドワード・ロレンス。T・Eとよばれることが多いが、いわゆる「アラビアのロレンス」である。

この名を口にしただけで、わたしたちの脳裏には、アラブの人々に同化、一体化し、彼らと希望と夢を分かちあうことを選びとったヨーロッパ人のイメージが浮かび上がる。砂漠から軍隊を出現させたイギリス人。バーヌース［アラブ人の頭巾つき袖なし外套］に身を包み、ベドウィンと見分けがつかぬアラビアのロレンス。わたしたちの夢想はすでに翼を羽ばたかせている。

この物語を書いたのはロレンスその人だ。彼の著作、『知恵の七柱』は傑作だ。二〇世紀の傑物たちから絶賛された作品であり、著者は生前にすでに伝説の人となった。

ここで、歴史研究者たちが登場する。彼らは砂漠の英雄を全面的に支持するファンたちに安易に同調することなく、ロレンスが語った内容を読みなおし、彼の言葉を精査し、アーカイブを漁った。彼らの一部は、「ロレンスは立ち位置がきわめてあいまいなシークレットエージェントであり、想像をたくましくして話をふくらました、彼が語ったことのいくつかはまったくの虚偽、もしくは事実を改竄した内容である」と証明できると主張した。ようするに、ロレンスの銅像の台座をゆるがし、彼をペテン師よばわりしたのだ。[2]

真実はどこにある？　真偽を見きわめるのは簡単なことではない。

†

ロレンス物語の出発点は、家族の物語だ。イギリス人のトマス・チャップマンはアイルランドで暮らしていた。彼の妻は四人の娘を産み、二〇歳のスコットランド人女性を子守りとして雇い、子育てを手伝ってもらっていた。チャップマン夫人はそれ以前からしだいに口やかましい女となり、家中の者がおそれおののくほどになっていた。その一方、子守りのセアラはやさしくて天使さながらであった。その後のなりゆきを想像することは容易い。トマス・チャップマンはセアラ・ロレンスを愛するようになった。当初、二人は秘密裏に関係を続けていた。トマスが妻子のもとを去るときが来ると、セアラも彼に従った。以降、二人は生涯をともにする。トマス・チャップマンは名前を変え、トマス・ロレンスを名のるようになった。セアラは五人の男児を産む。次男のトマス・エドワードが将来のアラビアのロレンスである。

セアラは生涯の終わりまで、トマスと正式に結婚することはできない。イーディス・チャップマンが離婚を拒否したからだ。セアラは自分の非合法的な立場に苦しみつづけ、この苦しみを埋めあわせるかのように母親のつとめを厳格に果たそうと努め、息子たちの躾をゆるがせにしなかった。

われらがヒーロー、トマス・エドワードは八歳となった。痩せていて頑強ではないが頭がよく、独立心がきわめて旺盛な少年だった。考古学と自転車が大好きだった。ポケットはいつでも、古い陶器の欠片と競技用自転車の部品でいっぱいだった。一二―一三歳のとき、足の骨を折ってしまい、長期間、じっとしている生活を余儀なくされた。この事故はおそらく、少年の身体的成長に影響をあたえた。彼の身長は一七〇センチにとどかず、オックスフォードの学生の平均を一〇センチ以上も下まわることになる。

彼が、両親が正式に結婚していない、と知ったのはいつであろうか？　本人が何人かに打ち明けたところによると、一〇歳のときだったそうだ。これは、少年の生き方をゆるがす重大事だったのだろうか？　一九〇五年にロレンス少年が学業を放り出して家出した理由をこれに求めるのはむりがある。われわれが知っているのは、T・Eは出奔して王立砲兵大隊に志願した、ということだけだ。父親はこれを知ると、息子を軍から「身請けし」て、オックスフォードにつれ帰った。T・Eにとっての唯一の変化は、自宅の庭に建てられた二部屋の小さな家で暮らすようになったことだった。

T・Eはオックスフォードのジーザス・カレッジで学ぶ奨学金を獲得し、高名な東洋学者デイヴィッド・ジョージ・ホガースの薫陶を受けた。この出会いがなければアラビアのロレンスは誕生しなかったろう。これは確実だ。

†

全欧の尊敬を集めていたホガースは驚くべき人物であった。彼はオリエントでいくつもの考古学調査を実施していた。彼ほどオリエントに詳しい人間はいなかった。政治にかんしていえば、ホガースは民主主義を軽蔑していたが、イギリス帝国について語るときは誇りに充ち満ちていた。必要とあらばイギリスは、通常の枠に縛られることなく祖国につくすことができる少数のなみはずれた人物を起用すべきだ、とくりかえし主張していた。彼らは、愚かしい先入観など一顧だにしないゆえに、自分たちに託された任務を貫徹することができる。それがどのような任務であろうと。

短期間でホガースはT・Eに注目し、自分が夢見るイギリス帝国の英雄を青年のうちに見いだした。これはまちがいないだろう。

ロレンスは、イギリス帝国、すなわち自由な人間で構成されるコモンウェルスは、イギリスが保証する自由——ロレンスにとって、この自由のみが唯一の本物の自由であった——に魅了された民族が自主的に一員としてくわわるよう、環境を整えるべきだ、と確信するようになった。

毎年、夏期休暇が訪れると、ロレンスは自転車でイギリスやフランスを縦横にかけめぐった。二〇歳のときには、フランス国内を南下してカルカッソンヌにいたり、エグ＝モルト［ルイ九世が十字軍遠征のために建設した城塞都市」をはじめて訪れ、地中海を前にしてうそいつわりない衝撃を受けた。そして、十字軍の遺跡をテーマとする卒業論文を書こう、と決意した。一九〇九年六月、彼は中東に足を運んだが、これは大きな危険をともなう旅だった。彼の旅支度のうちには、ピストル一挺、弾丸、望遠レンズつきのカメラがあった。

ロレンスがはじめて訪れたときの小アジアは全域、オスマン帝国の支配下にあった。オスマンは何世紀にもわたって欧州およびアジアの最強国の一つであり、その勢力圏はアドリア海、アテネにまでおよんだ。さらにはモロッコにいたるまでの北アフリカを版図とし、地中海を支配した。海洋都市国家ヴェネツィアの権益もオスマンの軍勢によって脅かされた。しかし一九世紀に入ると、オスマンの権勢にひびが入りはじめた。近代技術をとりいれることができなかったためである。オスマンに替わって、フランスはアルジェリアとチュニジアを、イタリアはリビアを、イギリスはエジプトを、オーストリアはボスニア＝ヘルツェゴヴィナを支配するようになった。

ロレンスは、現在のレバノン、シリア、イスラエル、ヨルダンに相当するオスマン領シリアを徒歩で縦断し、多くの十字軍要塞を訪れた。距離にして約一六〇〇キロを踏破した。本人がのちに記したところによると、これはロレンスにとって「もっともすばらしい（旅）」であった。彼は、「ドログマン［コンスタンティノープルの欧州各国大使館付きの通訳］につきそわれてキャラバンで旅する連中よりも、この地の民の日常を知る」ことができた。とはいえ、ロレンスは盗賊に腕時計を盗られ、ひどく殴られた。彼の命を救ったのは一人の羊飼いであった。だが、この災難とて彼にとってはなんでもないことだった。肝心なのは、オリエントとのはじめての出会いにより、この地を熱烈に愛するようになったことだった。風景も陽光も村落も砂漠も。

帰国後、ロレンスが書いた学位論文「十字軍が一二世紀末までにヨーロッパの軍用建造物にあたえた影響」は審査委員会から称賛された。さあ、これからなにをする？　ホガースがひと肌脱いでくれたおかげで、ロレンスは研究奨学金を獲得することができた。その結果、大英博物館のために小アジアのカルケミシュ［古代オリエント王国のミタンニやヒッタイトの重要都市］でホガースが実施する考古学調査に参加できることになった。

†

ホガースが関係する考古学調査の舞台がほぼ毎回、政治的もしくは軍事的に非常に重要な地域であったことは注目に値する。[3] これこそが、イギリス帝国がイギリス帝国たるゆえん、といえようか。

一九一四年以前から、欧州は中東にしきりに関心をよせていた。フランスは、レバノンやシリアとの古い絆を忘れていなかった。オスマン帝国に投資し、ベルリンとバグダードを結ぶ鉄道を建設したドイツは、オスマンを保護領にする気で満々だった。オスマン帝国の北部にやはり鉄道を建設したロシアも、正教の擁護者、東ローマ帝国の後継者としてコンスタンティノープル［イスタンブール］を征服することをあいかわらず夢見ていた。

そしてイギリスは、インドへのルートのことを考えていた。このルートを恒久的に担保するために、オスマン帝国の弱体化を利用して、スエズ運河と紅海に面した領土を――あわよくばシリアからアラビア半島にかけての領土を――確保しよう、と狙っていた。くわえて、少し前から、このあたりの地下には石油が眠っていることがわかっていた。作家キップリングが、地球上の陸地の五分の一をカバーしているイギリス帝国の偉容をたたえている時代だった。ロレンスがキップリングと同じ考えをいだいたのも当然のなりゆきであった。

†

ホガースは短期間でオックスフォード大学に戻ったが、当時もっとも有名だった考古学者の一人、レナード・ウリーの指揮下でカルケミシュの発掘調査は継続した。T・Eは、大きな丘の中腹に空けた坑道のなかで多くの時間をついやすことになる。ヒッタイト文明の驚くべき痕跡が少しずつ姿を現わした。彼は土中から陶器、印形、彫刻を取り出した。アッシリアのサルゴン王が築いた城塞も発掘した。四〇〇〇年前のヒッタイト時代の層も姿を現わした。ベルリン―バグダード鉄道建設工事に従事していたドイツ人たちが発掘現場のただなかに橋を架けると主張したときは、一触即発のところまでいった。

ロレンスは人目を引く存在であった、と言いそえねばなるまい。アレッポのイギリス領事の妻、フォンタナ夫人がホステスをつとめる集まりで、一人のシリア人招待客は「本物のジェントルマンであるウリー氏と、若いロレンス君とは好対照ですな！」と声をあげた。

それもそのはず、ロレンスは、食事のときに口に入ってきて邪魔なほどの長髪（これについては本人も認めている）、むき出しの脚、靴は土埃まみれ、という風体でどこにでも出入りしていた。人々は彼のことを「奇妙」だと思い、生意気な悪童として扱った。早とちりの人は、現地人の乞食だとかんちがいした！ロレンスはホガースからアラビア語に習熟するよう求められていた。彼は頭を軽く前方に傾け、決然とした歩調で発掘現場を闊歩しながら、低いが明瞭な声で指示を出した。ロレンスの怒りはあくまで冷たく、内にこもったものだっただけにおそろしかった。彼は、きわめて「ブリティッシュ風」の研究者たちよりも、現地で雇った作業員たちといっしょにいるほうを好んだ。彼らと食事や遊びをともにした。彼らはしまいに、ロレンスがイギリス人であることを忘れた。

ロレンスがしばしばいっしょにいるのを目撃されたのは、ダフームという名の若い驢馬引きであった。一五歳のアラブ人であり、ウリーは後年、この少年について「とくに知的にすぐれているわけではなかった…。しかし体つきがすばらしく、驚くほど美しい子だった」と書いている。[4] ロレンスはダフームに読み書きを教えた。彼はダフームと服を交換した。そして、現地の石灰岩を使って、ダフームの裸身を彫刻した。彼はしょっちゅうダフームの写真を撮り、ダフームに自分の写真を撮ってもらった。ウリーによると、この二人の関係は噂話の的となったが、根っからの挑発好きであるT・Eはこれを大いに面白がった。

夏、発掘が休みになると、ロレンスとダフームはつれだって中東をめぐる旅に出発した。二人はユーフラテス川に沿ってラクダを護送した。T・Eは愛するシリアがオスマンの桎梏（しっこく）から自由になる日を夢見た。彼はエジプトまで足を伸ばし、ポートサイド［スエズ運河北端］で石炭運搬船から石炭を陸揚げする仕事に従事し、大勢の人夫と接して最下層の人々と寝起きをともにして数週間をすごした。そして夏が終わると発掘現場に復帰した。

皆が寝静まったころ、ロレンスは城塞跡が発見された台地を訪れた。地面に横たわったロレンスの頭上で、月の下を雲が流れる夜空の荘厳なスペクタクルがくりひろげられた。そのとき、ロレンスは絶対的な確信を得た。この世に、自分の人生ほどすばらしい人生はない、と。やがて彼は眠りに落ちた。[5]

†

第一次世界大戦がはじまると、ロレンスはイギリスに送り返された。オスマン帝国はまだ中立を保っていた。「ぼくは失望している。彼らをシリアからひきずり出したかったからだ」とロレンスは書いている。一九一四年一〇月にオスマン帝国がロシアを攻撃すると、彼は喜びを隠そうともしなかった。これで、オスマンは英仏の敵となったからだ［ロシアはフランスやイギリスとともに連合国側であり、ドイツとオーストリアを中心とする中央同盟側と敵対していた］。ホガースはただちに、ロレンスの中東と砂漠にかんする比類なき知識を利用すべきだ、と主張した。この言い分は文字どおりに受けとめられた。T・Eはカイロの司令本部に配属された。

ロレンスは一九一四年一二月にカイロにのりこんだときの自分を、エジプトでもっとも身だしなみが悪く、外見に無頓着なしがない将校、と形容している。彼は陸軍情報部で朝九時から夜の一〇時まで働いたが、職業軍人たちは、彼の無遠慮な態度を自分たちに対する侮辱と受けとめた。軍用地図課の廊下で彼とすれ違った者は、国王に仕える将校というよりは斜にかまえた嘲笑的な学生のようだ、と感じた。アーネスト・ドーソン卿は後年、「良識があって知的な人の多くは、ロレンスの傍若無人、奇行、挑発的で軽率な言動に反発をおぼえた」と書き記すことになる。

しかしながら、彼の上司たちは、T・Eは激務にたえ、有能で粘り強い、と気づいた。少しずつ反感は薄らぎ、ついにはだれもが彼の能力を認めるようになった。

†

一九一六年一月。T・E・ロレンスが司令本部から託された使命はおそらく、イギリス軍事史に残るもっとも奇妙なものだった。二八歳という若さの下級将校は、勝ち誇るオスマン軍司令官ハリル・パシャ［この年に英印軍第六プーナ歩兵師団を降伏させ、イギリス軍とロシア軍の合流を阻止するオスマン軍の英雄。一月の段階で、ハリル司令官はクートで第六プーナ歩兵師団に攻撃を仕かけていた］と接触せよと命じられたのだ。彼の任務はほかでもない、一〇〇万ポンドと引き替えに、メソポタミアからイギリス軍を脱出させることへの同意を引き出すことだった！

そのころ、一万人のイギリス兵がクートで包囲されていた。包囲を解こうとする救援部隊の作戦は実を結んでいなかった。ロレンスが救援部隊に合流すると、「敵将の買収という、おまえにあたえられた使命は軍人の名を汚すものだ」とだれもがぼろくそに貶した。だがロレンスは肩をすくめ、平然とハリル・パシャに会いに行った…しかし提案は一蹴された。ロレンスは二〇〇万ポンドを提示した。またも拒絶された。T・Eは眉ひとつ動かさずに、ただちに降伏条件の交渉をはじめた。その成果は？　ハリル・パシャの人となりにかんする説得力ある報告書と、オスマン軍の組織についての精密な情報であった。交渉のあいだ、T・Eはすべてを観察し、すべてを記憶し、すべてを理解したのだ。

彼にとって、以上は些事にすぎなかった。ずいぶんと前から、彼の頭のなかではある壮大なプランが芽生えていた。一九一五年三月、ホガース宛ての手紙のなかで、彼は自分の考えがどこに向かっているかをきわめて明確に強調している。「ぼくは彼ら（アラブのすべての小さな勢力）が団結するように仕向け、シャリーフを旗頭とするヒジャーズ［イスラム教の二大聖地をふくむアラビア半島紅海沿岸地帯］の動きによってシリアを武装反乱に立ち上がらせたいと思っている。先生も、シャリーフの名声が、シリアでいかに大きいかはご存じでしょう」。そして、「ダマスカスを急襲し、フランス人をシリアから追い出して、二度と戻れないようにしなくてはなりません」

これは歴史的事実から引き出された考えであり、これがどのような結果をもたらすかを計算したのは当然ながらT・Eだけではなかった。一九一四年一〇月にドイツとオーストリアの側についたオスマン帝国は、メッカ［マッカ］のシャリーフであるがオスマン帝国皇帝の臣下でもある年老いたフサインにジハード、すなわちイスラム教徒のキリスト教徒に対する聖戦を宣言することを求めた。これまでオスマンの頸木（くびき）に怒りをこらえて耐えてきたフサインは、この要求を拒絶した。老練で狡猾なシャリーフはただちに、自分が長いあいだ待ち望んでいた、アラブ人が独立を果たすチャンスがついに訪れた、と判断した。のるかそるかの大勝負であることは確かだが、老シャリーフは運試しをする力量が自分にはある、と感じた。一九一五年二月、フサインと息子である王子たちはイギリスと連絡をとった。イギリスは、オスマンから独立を勝ちとるというアラブの大義を支援する、と約束した。ただし、アラブ人が先陣を切って戦いに身を投じる必要がある。

†

一九一六年六月五日、イスラムの聖都メディナ［マディーナ］。ハーシム家［預言者ムハンマドにつらなる一族］のフサインの息子であるゆえにアミール［イスラム世界における貴族の称号］の称号をもつファイサルとアリーは、五〇〇人のアラブ人兵士に対してオスマン軍から脱走するようよびかけた。二人はオスマン軍司令長官に手紙を書き、太守国ヒジャーズはもはやオスマン帝国の宗主権を認めない、と告げた。五日後、フサインは、みずからの宮殿からオスマン軍兵舎を銃撃した。戦いの開始である。同時に、有名なアラブ反乱の火蓋が切られた。歴史の舞台にロレンスが登場したのは、まさにこのときであった。

本人および世間が描くことになるロレンス像は、自由を求めるアラブ人の擁護者のそれである。これはいつわりではない。ただし、描き忘れていることが一つある。ロレンスがアラブ反乱のために力をつくした――しかも大いに！――のは本当だが、心身を捧げた、とはいえない。自分の命を危険にさらす場合においても、彼はあくまでイギリスの工作員であった。これにかんしては、誤読の余地がない資料が存在する。ロレンスは、自分がイギリス帝国の大いなる栄光のために活動していることを一度たりとも忘れることがなかった。それでも、彼の行動と発言のすべては、この人物は自分たちの大義に心身を捧げる覚悟である、とアラブ人たちに思わせる説得力を発揮することになる。一貫してアラブ人を欺いていたのだろうか？　そのとおりだ。しかも、ロレンスもこれを自覚していた。T・Eの悲劇は、この嘘に端を発している。

フサインと息子たちは当初、オスマンに対していくらかの勝利をあげた。その後、メディナの奪取をはかったが挫折した。オスマン軍は強すぎて、歯が立たなかった。フサインはイギリスに支援を求めた。だが、答えはなかった。イギリスはあえて沈黙を保ったのだ。フサインを「まずい状況に放置したまま待たせ」れば待たせるほど、イギリスがついに支援にかけつけたとき、協力的にふるまうにちがいない、という計算だ。

一九一六年一〇月、カイロのイギリス司令本部は、腰を上げるときが来た、と判断した。これ以上傍観していれば、オスマン軍はメディナを出てメッカに進軍し、フサインの貧弱な軍勢は壊滅するにちがいない。

ロレンスは出番をいまかいまかと待っていた。なんとしてでもアラビアに行かねばならない。問題は、カイロの司令本部が彼を放してくれないことだった。本人の回想によると、ロレンスはそこで、「じつに我慢のならないやつ」になってやろうと、と決意した。スエズ運河沿いに張りついている情報機関職員の失策や弱点を指摘するようになっただけでなく、上司たちが書いた英語のまちがいを修正することに意地の悪い楽しみをおぼえるようにもなった。「イスマイリア「スエズ運河左岸の町」では、数日でわたしに対する怒りが沸騰し、皆の堪忍袋の緒は切れた」。ロレンスはなにも気づいていないふりをして、一〇日間の休暇を申請した。待ってましたとばかりに、許可はおりた。ジッダ「アラビア半島の紅海にのぞむ町」でフサインと会うことになっているロナルド・ストァズ卿「秘密情報部アラブ課のメンバー」に随行しましょうか、とロレンスが申し出たときは、皆は涙を流さんばかりに喜んだ。

†

ロレンスはスエズの沖で、戦闘能力をもつ小型船舶に乗りこんだ。「われわれはジッダまで、通常の穏やかですべるような航海を楽しんだ。船が前進するかぎり、紅海の大気は焼けつくように暑いことは一度もなく、心地よかった。日中は日陰で横たわってすごし、夜の時間の大半は、煙(けぶ)るような南風の息遣(いきづか)いのなか、満天の星に照らされ、湿った甲板を歩きまわってすごした」

ロレンスは、イギリスがハーシム家の父子になにを提案すべきか、十分に心得ていた。シリアとダマスカスの領有である。一方、彼の頭を悩ましているのは、アラブ反乱にどのような意味をあたえるか、であった。だれが反乱の先頭に立つのか？　ベドウィンたちを立ち上がらせるには、先頭に立つのはアラブ人であるべきだ、それ以外は考えられない。「反乱はなにを欠いているのか？　わたしの考えでは、指導者だ。知性でも判断力でも、政治的な知恵でもなく、砂漠に火をつけることができる熱狂的な炎だ。わたしの旅の目的は、指導者にふさわしい人物を探すことだった」

フサイン？　いや、ハーシム家のシャリーフは高齢すぎる。次男アブドゥッラーは？　落ちつきがありすぎて、預言者のごときカリスマに変身することはむりだ。そのほかの息子たちは？　長男アリーは？　良心的すぎる。四男ザイドは？　反乱に対する情熱が足りない。そこまで考えて、ロレンスは一度も会ったことがない三男ファイサルに思いをめぐらせた。だが、ファイサルはジッダにいない。それなら仕方ない、ハムラまで会いに行けばよいだけだ。砂漠を横断しなくてはならない？　横断するまでだ。

ファイサルに会いに行きたいとロレンスが申し入れても、父親のフサインはなかなか首を縦にふらなかった。最終的にストァズ卿がフサインから同意をもぎとった。アリー王子はロレンスに自分のメハリを貸しあたえ、護衛として二人の戦士を指名した。砂漠をぬける三日三晩の旅。エジプトでの二年間のオフィス勤務でロレンスは少々やわになっていた。この砂漠横断を終えたロレンスは「打ちのめされ、打ちくだかれ、飢（かつ）え、干からびて」いた。しかし、彼の目の前にはファイサルがいた。きわめて礼儀正しい口調で、ファイサルはロレンスにたずねた。旅はたいへんではなかったでしょうか？　何日、かかりましたか？　ファイサルはロレンスの答えに感心した。この季節にしては、あなたの移動速度はたいしたものだ、と。ファイサル王子はさらに質問した。

「ここにわたしたちがかまえた野営地についてのご感想は？」

「すばらしい、と思います。しかし、ダマスカスから遠いですね！」

ファイサルのとり巻きたちは、この「感想」に顔色を変えた。緊張が走り、だれもが息をのんだ。するとファイサルがその場の空気をやわらげるひとことを穏やかに放った。

「神がたたえられんことを。しかし、［敵である］トルコ人たちは近くにいますから」

†

ロレンスはカイロへと急いだ。そして、自分の確信をだれにでも声高に伝えた。ファイサルを活用すべきだ。フランス軍もイギリス軍もアラビアに介入すべきではない。アラブの民族主義が育つのをさまたげてはならない。注目すべきは、ロレンスが、外国による干渉を避けるように勧告することで、ブレモン大佐の指揮下で分遣隊をアラビアに上陸させたばかりのフランスを批判している点だ。

イギリス政府はロレンスに賛成した。援助金と技術支援だけをあたえることでアラブ人を蜂起させることは可能だとロレンスが主張する以上、彼の言うとおりにやらせてみようではないか。こうしてロレンスは潤沢な資金を託された。その後の数か月間で、彼は一一〇〇万ポンドを分配し、アラブ反乱の顧問となった。

ベドウィンの軍勢は進軍をはじめた。ロレンスはファイサルとともにアル・ワジュ［メディナに向かうメインルートに近い町］にいた。二人は、アブ＝マルカにいるアブドゥッラー王子がメディナに攻撃を仕かけるのを待っていた。しかし、アブドゥッラーは動こうとしなかった。彼を説得するのはロレンスの役目となった。ふたたびラクダの背に乗って砂漠を横断した。またしても焼けつく太陽、風、砂、渇きを体験した。疲労困憊し、発熱で体力を奪われたT・Eは行き倒れを覚悟した。だが、アブ＝マルカにたどり着き、アブドゥッラーに面会してファイサルからの手紙を手渡し、メディナの鉄道をただちに攻撃するよう懇願した。その後、よろけながら自分にあてがわれたテントに退却すると、くずれるように床に倒れた。それから一〇日間、赤痢と重篤な癤症（せつしょう）［細菌による皮膚感染症］のために床を離れることができなかった。

彼の衰弱はあまりにも激しかったので、アブドゥッラーの周囲の人間は最悪の事態をおそれた。そこで、発酵させたラクダの乳を彼に飲ませた。これが効いたのか、彼の体力はもちなおした。ある日の午後、あるアイディアが閃（ひらめ）いて、彼は突然覚醒した。メディナ奪取など不要だ。アル・ワジュまで進軍したアラブ勢がメディナに物資を送りとどける鉄道を抑えているのだから、メディナはもはやアラブ側にとって危険でもなんでもない。勝手に陥落するにちがいないメディナのことは忘れて、攻撃の矛先を転じるべきだ。ロレンスにとって、ヒジャーズの覇権をめぐる戦いはすでに決着がついていた。

ロレンスの非凡な想像力をたたえないわけにはゆかない。勝利をもぎとるのに必要な想像力、本物の指導者に求められる想像力だ。

その後、ロレンスが鉄則としたのは正面きってのぶつかりあいの回避である。彼は友となったアラブ人たちに、側面から攻撃するよう説いた。ベドウィンたちは機動力にすぐれているだけに神出鬼没であり、オスマン軍にとって毎日気の休まらぬ脅威となる。

当時、イギリスにとって最大の問題は、アカバ問題であった。オスマン軍の守備隊がアカバ港を占拠して、水ももらさぬ守りを固めていた。それゆえ、パレスチナ遠征軍がエルサレムの北方まで到達することは不可能であった。アカバの守備隊がスエズ方面へと攻撃の矛先を転じたら、イギリス軍師団は背面から攻撃されてしまうだろう。

アカバを力ずくで奪う？　膨大な戦死者を出すことになるのでむりだ。陸地側からアカバ港を奪取する案も放棄せざるをえなかった。イギリス軍部隊が砂漠を横切ってアカバに向かうのは不可能だ、と専門家たちが結論づけたからである。ここでロレンスが割って入った。砂漠を越えて背後からアカバ守備隊を攻撃するというのは非現実的だ、それには賛成する。攻撃の主体がイギリス軍の正規部隊である場合には。だが、ベドウィンが攻撃するとしたら？

ロレンスは、アカバは奇襲によって奪取するべきだ、と確信していた。彼はカイロの司令本部にもこの考えを伝えた。自分の考えを公にした以上、すべての議論はもはや無意味なものとなったかのように。だが司令本部は、この途方もないアイディアを一蹴し、提案者は以前の「若輩者のロレンス」に格下げされた。Ｔ・Ｅは上層部の意見を無視して、自分の考えをつらぬくことにした！

五月九日、ロレンスは五〇人ほどの勇猛なアラブ人戦闘員とともにアル・ワジュを後にした。危険な大砂漠を縦断し、道中で部族民に攻略への参加をよびかける、という二か月の行軍のすえ、七月五日、ラクダ兵たちはアカバを見下ろす山頂に到達した。三〇〇人ほどのオスマンの守備隊は不意をつかれ、さしたる抵抗もみせずに降伏した。

ロレンスは一時間もむだにしなかった。八名の男につきそわれ、世界でも有数の過酷な自然条件で人をよせつけない砂漠、ネフドの横断に突入した。そして四九時間で二五〇キロメートルを走破した。カイロに着くと、自分が考えて実行した作戦が勝利で終わったことを報告した。

この知らせがどのような反響をよんだかは、想像にかたくない。昨日まで無名であったロレンスは国家的英雄となった。彼は少佐に昇進し、バース勲章を授かることになり、フランス軍から表彰された。いまやロレンスは軍資金をあたえられ、アラブ兵の采配をまかされ、アラビアで自由自在にふるまえるようになった。

ロレンスは二九歳だった。新たな活動拠点としたアカバで、彼はあいかわらずダマスカスのことを考えていた。彼は戦役の開始当初から、ダマスカスを攻略しなければとの思いにとりつかれていた。はじめて訪れたとき以来、惚れこんでいるあの町に、アラブ人たちを率いていくのだ。彼は、アラブ人たちがいまでは自分に全幅の信頼をよせていることを知っていた。彼らを失望させてなるものか。ロレンスはベドウィンの服装に身を包み、ベドウィンのように話した。ベドウィンと同じ思考回路をもっているようにさえ思われた。戦士たちを前にしての彼の演説は「力強く憐れみ深い神の名において…」ではじまった。

ロレンスはほんとうにベドウィンの仲間になったのだろうか？　本人が大いに才能を発揮して作り上げたロレンスのイメージを受け入れることは容易(たやす)いが、ある文書を読めば、そうした認識が誤りであることがわかる。問題の文書は、アカバ奪取直後にロレンスが執筆した機密文書であり、歴史研究者のナイトリーとシンプソンがはじめて公表するまで存在が知られていなかった。このなかでロレンスは二七項目にわたり、アラブ人を「あやつる」手法を説明している。彼によると、これは術であり、学ではない。アラブ人の服を着ること、アラビア語を話すこと、アラビア人のように暮らすことを受け入れれば、アラブの部族の信頼を得ることができる。ただし、である。日夜を違わず、徹底して演じる必要がある。本心が顔を出すようなことは絶対にあってはならない。自分に自信がないかぎり、手を出してはならないおそろしいゲームである。

なるほど。ロレンスがアラブ反乱の成功を助けながら一貫して狙っていたのはイギリスの勝利だったのだ。とはいえ、彼がアラブ反乱の成功も望んでいたのは事実だ。

†

時間がたつにつれ、ロレンスはファイサルへの影響力を見事なほどに強めた。彼の目標は、かつてホガースに打ち明けたとおりに、アラブ人が主権をもつ大シリア、イギリスの勢力圏としてのアラビアの樹立であることに変わりはなかった。そしてロレンスの望みはあいかわらず、ファイサルをダマスカスにつれていくことであった。

欧州では、史上まれにみる仮借（かしゃく）ない戦争が継続していた。フランス前線では、イギリス兵もフランス兵も血を流していた。同じ苦しみを味わうなかで、仏英の長年の敵対感情は友愛へと変化した。そして両国の外交官たちは交渉をはじめた。彼らが準備していた戦後の中東は、ロレンスが夢見ていた中東とはかなり異なった。協定が調印された。オスマン帝国の残骸を分割するためのサイクス＝ピコ協定である。イギリスがパレスチナとイラクを勢力圏とする一方で、フランスがダマスカスとベイルートに地歩を築くことを認める秘密協定であった。このような計画は、フサインやファイサルにあたえた独立の約束と完全に矛盾していることは明らかだ。ロレンスはこの秘密協定のことを知らなかったのだろうか？

彼は完璧に知っていた。だが、賛成していなかった。それどころか、憎悪した。フランスに対する敵対心をすてていなかったからだ。ダマスカスをフランス人に渡す？　彼にとって、これは呪わしいことだった。ゆえに、彼はダマスカス進軍を急がせた。アラブ人に対する友情ゆえ、というより、フランスに対抗するためだった。ロレンスは、フサインとファイサルにサイクス＝ピコ協定についてたずねられたとき、この協定の存在そのものは否定できなかったものの、その重要性をきっぱりと否定してみせた。こうしたかけひきや策謀のただなかで、ロレンスは居心地が悪い思いをしなかったのだろうか？　わからない。だが、彼はこのうえもなく巧みにことを運んだ。これは確かである。

†

アカバ攻略が実現した以上、イギリスの正規軍によるエルサレムへの大攻勢計画が浮上するのは当然のなりゆきだった。作戦の指揮はアレンビー将軍に託された。たちまち、アレンビーとロレンスのあいだに対立が生じた。将軍は、イギリス軍とアラブ軍の共同作戦で攻勢をかけることを望んでいたが、ロレンスは難色を示した。これはベロー＝ヴィラール氏が主張するところであるが、ロレンスは一万二〇〇〇人のアラブ兵を用意できる、とアレンビーに大風呂敷を広げたと思われる。引っこみがつかなくなり、このままでは体面を失うと感じたゆえに、アレンビーの考えに異を唱えたのではないだろうか[6]。

ロレンスが提案したのは、オスマンの戦列の背後にあるヤルムク渓谷の高架橋を破壊するための拠点攻撃だった。だがこれは大失敗に終わった。そこでロレンスはゲリラ攻撃をさかんに行ない、たえず自分自身を危険にさらし、攻撃のさいは先頭に立った。そして五回も負傷した。つねに空腹にさいなまれ、夜は砂漠の星のもとで寒さに震えた。自分の判断は正しかったのだろうか、としばしば自問した。答えが出るまで、粘ることにした。

いまや、彼の目標はダルアー［現在のシリアの南西部に位置する町］となった。ここは鉄道路線の主要分岐点であり、オスマン軍の補給にとって重要な中継地点だった。オスマン側の防衛体制の規模を知るため、彼は一人で偵察に出かけることにした。前代未聞のむこうみずな行動であることにまちがいない。ボロをまとい、明け方にダルアーに着き、鉄道沿い、駅構内を見て歩き、弾薬庫や兵舎に目を光らせた。

現地人が、ロレンスの髭のない顔、自分たちよりも白い肌の色を不審に思わないはずがない。彼は、アナトリア出身の脱走兵にまちがえられた。職務質問され、身分証明書の提出を求められたが、持っていなかった。そこで、当地の知事のもとにつれていかれた。大男の知事はパジャマ姿のまま、寝台の上に腰かけて、ロレンスを招じ入れた。知事は大汗をかいていたが、T・Eのことを過度なくらいに好意的な目つきで見つめた。そして、近くに来るよう誘い、接吻しようとした。ロレンスは抵抗した。すると知事は「やつを裸にしろ！」と命じた。

ロレンスは暴れ、知事の腹を膝蹴りし、苦痛の悲鳴を上げさせた。知事は怒りくるい、ロレンスを動けないようにしてから首筋にかみつき、銃剣で脇腹に切り傷を負わせた。その後、血だらけのロレンスを護衛たちに引き渡し、「しつけ」てやれ、と命じた。四人の強健な衛兵たちに抑えつけられて地面に寝かされたT・Eは気絶するまで鞭打たれた。だが、さすがはロレンス、叫ぶときも、うめくときもアラビア語しか使わなかった。やっとの思いで立ち上がったところ、下腹部にまたも鞭をあてられた。今度こそ死ぬのではと思ったロレンスは、地面にうつぶせに倒れた。衛兵が順番に彼を暴行した。

その後に知事のもとにつれていかれたが、知事は気分を害して、もはやロレンスを相手にする気は失せていた。ロレンスは投獄されたが、脱獄して町の外で待っていたベドウィンに合流し、一頭のラクダの背に引っぱり上げてもらった。

以上は、ロレンスの回想のなかに出てくるエピソードである。

この挿話について――ほかの多くの挿話と同様に――、研究者たちは真偽を探った。調査の結果、ダルアーの知事は同性愛者でなく、名うての女好きであったことが明らかになった。この知事がロレンスを辱めたわけではないのだ。だが、このエピソードは、心理的トラウマをひき起こす事件が実際にあった可能性をうかがわせる。ロレンスによる恥辱、身体毀損、精神的な衝撃の描写には、うそいつわりのない真実の響きがあると思われるからだ。

イギリス軍基地に戻ったロレンスはアレンビーによばれ、仔細を報告した。いつもベドウィンの扮装で通していたロレンスは借り物の制服を着て、アレンビーとならんでエルサレムに入城した。イギリス人たちは喜びにわき、聖都エルサレムで勝利を祝った。皆と喜びをわかちあっていない者が一人だけいた。Ｔ・Ｅ・ロレンスだ。彼の頭にはダマスカスのことしかなかった。

一九一八年一月、ロレンスがフサインの四男ザイド王子およびベドウィンの首領たちとともにタフィーラ［死海の東南の山中にある村］にいたところ、タフィーラ奪還をめざすオスマン軍（兵力一〇〇〇人ほど）の奇襲を受けた。ロレンスらの応酬により、敵は六〇〇人以上の死者を出し、二五〇人が捕虜となった。この勝利により、ロレンスは殊功勲章を授けられる。

アラブ反乱は長足の進歩をとげた。もはや、計画や準備なしで軍事行動に出る段階は過去のものとなった。司令本部は公式に、ファイサルをアレンビーの指揮下に置いた。イギリス兵、ヒジャーズのアラブ兵、エジプト軍の駱駝（らくだ）騎兵、ネパールのイスラム教徒兵士、フランス軍の北アフリカ出身兵を集めた混成部隊が編成された。この部隊には、装甲車両五台と飛行機二機があてがわれた。ロレンスは「砂漠は恥ずかしいほど流行の波にのった」と評している。

アレンビーは攻勢に出た。オスマン軍は敗北を重ねた。ダマスカスへの進軍がはじまった。アラブ兵たちは大喜びした。フサインとファイサルは目的を達成できる、と思った。

銃を撃てばとどく距離に、ダマスカスのモスクのクーポラがおぼろげながら見えるところまで来た。オスマン軍は逃走した。一人の反オスマン活動家がハーシム王家の旗を高く掲げ、フサインの名において独立国シリアの樹立を宣言した。夜のあいだに、オーストラリア軍の旅団一個と、インド騎兵の連隊一個がダマスカスに入城した。

車を走らせながら夜の一部をすごしたロレンスも、朝の六時に到着した。彼にとって最大の夢が実現した瞬間であった！

彼の胸はしめつけられた。ドイツ軍が弾薬庫に火を放ってから撤退したことをロレンスは知っていた。彼は遠くから、次々に起こる爆発を目撃していた。「おそろしいほどの高さに放出された」砲弾は、鈴なりになってロケット弾さながらに飛びちった。彼が乗っていた車は、ダマスカスの町を見下ろす橋の先端で停止した。ロレンスは自分の目に映るのは廃墟ではないかとおそれながら、北のほうにおずおずと視線を向けた。杞憂だった！「町は残っていた。川から立ちのぼる靄のために植物の緑が曖昧模糊となっている庭園に囲まれ、これまで見たこともないほど美しく、打ち震えるように輝いていた。昇る太陽に照らされた真珠のごとく」

ロレンスの最初の仕事は、臨時政府を排斥し、自分の息がかかった人物、すなわちファイサルをこの町の指導者の地位にすえる事だった。ファイサルは熱狂的な歓迎を受けて入市することができた。ここまでたどり着くのに、どれほど苦労したことか！

夜のとばりが降り、夕べの礼拝へ信徒をうながすよびかけ［アザーン］が聞こえはじめた。湿り気のある闇のなか、灯りがまたたくダマスカスの町は歓喜と叫び声でわいていた。ロレンスは、すぐ近くでよびかけていたムアッジン［よびかけ役］が自分に話しかけているように感じた。「アッラーのみが偉大なり。アッラーのほかに神はなし、とわたしは証言する。ムハンマドは神の預言者なり。アッラーのみが偉大なり。アッラーのほかに神はなし」

アザーンの抑揚はしだいに弱まり、ほぼ通常の会話と同じ調子となった。ムアッジンがくぐもった声で「ダマスカスの民よ、今日、アッラーはわれわれにまことに恵み深くあられる！」とつけくわえたのを、ロレンスははっきりと聞きとった。

「すると、町の喧噪はつぶやきへと変化した。完全な自由が訪れてからはじめて迎えるこの夜、すべての住民が礼拝へのよびかけに従っているかのように。重い静けさのなか、わたしは自分の孤独と彼らの行動の不条理をひしひしと感じた。すべての信者が喜んでいる一方で、私一人にとって、この出来事は悲しく、この文言は無意味であった」

†

幻想はほどなくしてくだかれる。サイクス＝ピコ協定にもとづき、シリアはフランスの保護領となる、とファイサルに告げねばならないときがやってきた。それだけではない、レバノンに望みをつなぐこともできなかった。

ファイサルは打ちひしがれた。理解できなかった、理解することができず、理解しようとも思わなかった。約束はどうなった？　何か月も前からイギリス人から聞かされていたことはなんだったのか？　だれよりも気まずい思いをしたのはアレンビー将軍であった。将軍はロレンスを非難し、驚きを表明した。

「君は、シリアはフランス保護領となる、と（ファイサルに）告げなかったのか？」

「いいえ、将軍。わたしはそういった事情はなにも知りません」

「ファイサルはレバノンとなんのかかわりももつことはできない、と君は十分に承知していたではないか！」

バーヌース［アラブ人の頭巾つき袖なし外套］をまとった長身のファイサルは尊厳を保ちながらも失意と無念を露わにし、もうこれ以上ご託を聞きたいとは思わず、その場を去った。かっとなったロレンスは「フランス人に協力するなんてご免です！　わたしには休暇をとる資格があります。自分はすぐに休暇をとって、イギリスに戻るほうがよい、と思います」と叫んだ。アレンビーはうなずき、「そうだな、わたしもそのほうがよいと思う」と答えた。

征服したが、またたくまにフランス人に奪われてしまったダマスカスの雑踏をロレンスはさまよった。精神的にも肉体的にも疲労困憊していた。体重は四〇キロを切っていた。二個所――片手と片足――の負傷が、耐えがたい苦痛をひき起こしていた。ロレンスに会った人々は、彼の憔悴ぶりに不安をおぼえた。

ロレンスが中東を去ったのは、苦々しい思いに押しつぶされていると自覚したからだった。同時に、良心の呵責に耐えられず、ファイサルの非難をこめた視線を避けようとしたのかもしれない。もう一つ、彼のロンドンへの帰還を説明できる理由がある。自分の主張を受け入れてもらうためにあらゆる手をつくしたいと思っていたのだ。ゆえに、ロンドンに着くやいなや論陣を張った。論陣を張りつづけた。フランス人をシリアとレバノンから追い出し、三つの王国を樹立して、イギリスの影響力を残したままでフサインの三人の息子に統治をゆだねるべきだ、と。

北フランスのルトンド駅から分岐した線路の奥に停止した客車のなかで休戦協定が調印されるやいなや、さまざまな駆け引きがはじまった。ロレンスはあらゆるところに顔を出した。イギリス帝国会議で訴えかけを行ない、和平会議にはファイサルをつれてきた。この二人——一人はアラブ人、もう一人はイギリス人——が、会議が行なわれている広間に入ってくると、一同は雷に打たれたようになった。シリアをファイサルにゆだねるべきだ、と主張するロレンスは真摯(しんし)そのものであった。ただし、誤解は禁物だ。彼の戦いはつねにイギリスのための戦いだった。イギリスの利益とアラブ人の利益が一致するという点は、ロレンスの主張にとって好材料だった。

ロレンスを敗北に追いやったのは石油であった。モスルの油田を自由に使えることを優先したイギリス政府は、シリアとレバノンをフランスにあっさりとゆずった。ファイサルは最後の最後までシリアの領有権を求めたが、その努力はむだに終わった。

逆説的だが、ロレンスが絶望に追いやられ、自分の敗北が確実になったことを認めざるをえなくなっていたちょうどそのとき、彼の燦然と輝く栄光が幕を開けようとしていた。アメリカ人ジャーナリスト、ローウェル・トマスが各地をまわって講演を行ない、メッカのプリンス、ダマスカスの解放者、ロレンスの冒険譚を語っていたのだ。当人はこれを無視しようとした。彼は民間人に戻り、オックスフォード大学で教鞭をとることで生活の糧を得ていた。無名の人間として静かに暮らすことだけを望んでいた矢先に、彼は「アラビアのロレンス」となった。

記憶が薄れないようにと、ロレンスは目映(まばゆ)い日々を回想することにした。こうして『知恵の七柱』が執筆された。生前のロレンスはこの著作にかんして、きわめて限定的な部数での出版しか認めなかった。ゆえに、人々は競って買い求めた。このことがロレンス伝説に拍車をかけた。

植民地大臣になったチャーチルが補佐役として起用したのはロレンスであった。ロレンスは、ファイサルへの償いとしてイラク王国を成立させ、ファイサルを国王にすえることを提案した。ファイサルはこれを受け入れた。その少しあと、フサインのもう一人の息子であるアブドゥッラーが、イギリスの意図にもとづき、トランスヨルダン［現在のヨルダン］の国王となる。T・Eの苦い思いは、これでやわらいだのであろうか？　否だ。彼の夢は、このようなものではなかった。それでもロレンスはふたたび中東におもむき、アブドゥッラーにトランスヨルダン国王の座を受け入れるように説得した。フサインにも会って、この新たな勢力地図を承認する協定への署名を求めた。

フサインは署名する。

†

ロレンスはもはや、「アラビアのロレンス」であることを欲しなかった。自分自身と向きあうのはもうご免だった。彼は次の人生を、新たな自分をさがし求めた。なぜ自分はアラブ反乱を使嗾したのだろう、なぜアラブ反乱を指揮したのだろう、と自問した。彼は一人の友人に、自分がそうした行動に出た真の理由を打ち明けた。自分がイギリスの勝利に貢献したいと思っていたのは本当だ。だが、知的好奇心と栄光の夢に駆られてもいた。以上については、われわれもすでに知っているのでなんの新味もない。だが、ロレンスが最後にあげた理由は彼のアラビア冒険譚に新たな光をあてるものだった。自分は「あるアラブ人」を心から愛していたから、と告白したのだ。アラブ民族に自由をあたえることは、この人物にはかりしれない価値のプレゼントを贈ることを意味した。

この「アラブの人物」とはだれだろう？　男性？　それとも女性？　世間は、ロレンスの人生には一人の女性も登場していない、と決めつけたが、これは早とちりかもしれない。シリアで特務（諜報）に従事していたクルベサック司令官は、少年の頃にロレンスの身のまわりの世話をしていたというハムーティ長老から打ち明け話を聞かされた。クルベサックはその内容をわたしに教えてくれた。「長老は、ロレンスは両刀遣いであった、と断言し、ロレンスの私生活にかんして、男性および女性がらみのかなり猥褻なエピソードをいくつかわたしに語ってくれた[7]」

だが、この「アラブ人」がカルケミシュの驢馬引き、ダフームをさしていることは確実だといわれている。彼の本名はサーリム・アフマドだ。『知恵の七柱』はS・Aに捧げられている。ダフームは、ダマスカス入城の少し前に亡くなっている。ロレンスが彼の死を根源的ななにかの終焉として受けとめた、という証言が一つならずある。

ロレンスは泣きながら「ぼくはこの青年を愛していた…」と述べたそうだ。

ロレンスが表舞台から去ったのは、アラブの民に対する後悔の念があったからだ、と考えるのは正しい。だがダフームのほっそりとした面影が脳裏を離れず、自責の念に駆られたからでもあった。自分がアラブ反乱にまきこんでしまったのだから、彼の死は自分に責任がある、と考えていたのだ。

この物語の奇妙な点は、ロレンスがあれほど求めていた無名の静かな生活に入ろうとしていたちょうどそのとき、新たな友が彼の人生に登場したことだ。友の名前はブルース。割合と最近のことであるが、この友情の詳細はブルース自身によって明かされた。ブルースは貧しい家庭の若者であった。名声あるロレンスに接触された青年は、有頂天になったにちがいない！　ロレンスとブルースは友人となり——T・Eは友情以上のことを求めなかった——、その不思議な友情は何年も続いた。ブルースによると、ロレンスは彼に自分を鞭打つように定期的に頼むことになる。ロレンスは毎回、血まみれとなって苦痛をおぼえるまで鞭打たれた。純朴なブルースは、「自分は親戚の老人を保証人として巨額の融資を受けているが、この老人は暴君であり、保証の条件として自分が肉体的懲罰を受けることを求めている」というロレンスの奇怪な話をうのみにしたようだ。

だがロレンスにかんするかぎり、なにごとも、単純でも明白でもない。ブルースに奇妙な話を吹きこむ一方で、ロレンスは空軍に入隊することを決心した。将校としてではなく一兵卒として。ジョン・ヒューム・ロスという偽名を用いての志願であった。だが、ロレンスの正体はすぐに露呈し、除隊処分となった。

ロレンスはこれにこりず、今度はショーという苗字を名のって陸軍戦車隊の二等兵となった。そしてブルースも入隊させて同じ営舎に入った。その後、空軍復帰を何度も願い出て、一九二五年に認められ、一〇年間も勤務することになる！ この間に、大臣、将軍、代議士、高級官僚たちと手紙をやりとりし、長編である『知恵の七柱』を簡略化した『砂漠の反乱』と、一兵卒としての空軍勤務の日々を描いた本［題名は *The Mint*］を執筆した。

†

このふたたびの軍隊暮らしでロレンスは魂の安らぎを得たのであろうか？ 一九三五年二月、空軍勤務の契約期間を終えてふたたび民間人に戻ってから一〇週間後のロレンスは大型バイクにまたがった（オートバイはロレンスにとって唯一の趣味であった）。友人である作家ウィリアムソン宛てに電報を出すためであった。ドイツでヒトラーが権力をにぎったばかりであった。国家社会主義の勢いに魅せられたウィリアムソンは、イギリスもヒトラーのような人物を必要としている、と考えていた。それだけでなく、だれがイギリスの総統になるべきかもわかっていた。T・E・ロレンスである。彼ほど栄光に包まれたイギリス人はほかにはいない。ウィリアムソンは、ロレンスはヒトラーと会うべきだ、と考え、これについて話しあいたいと思っていた。驚くべきことに、ロレンスもこの話に無関心ではなかった。この日に送った電報には「火曜日に昼食にいらしてください」と書かれていた。

ロレンスは電報を出し、少々買い物をした。帰宅しようとオートバイにまたがり、発進した。見通しの悪い坂道で、ロレンスの視界に突如として二台の自転車が目に入った。衝突を避けようとしたところオートバイは横すべりし、ロレンスは投げ出されて頭を打った。頭蓋骨骨折。ロレンスは六日後に死去する。

†

ロレンスは自宅近くの教会墓地に葬られた。ロナルド・ストァズ卿が葬列の先頭に立った。ライオネル・カーティス〔国家官僚、オックスフォード大学教授、著述家〕、レディ・アスター〔イギリス議会におけるはじめての女性議員〕、エリック・ケニントン〔彫刻家、イラストレーター〕が棺の後に続いた。そのほかにも多くの人が参列した。チャーチルは皆から少し離れて涙を流していた。

国王ジョージ五世は次のメッセージを故人の兄に送った。「あなたのご令弟の名前は歴史のなかで生きつづけるでしょう。そして国王は、彼が国のために卓越したつとめを果たしたことを感謝の念をもって思い起こします。まだまだ豊かな可能性を秘めていた命がこのような終わりを迎えたことは悲劇です」

ロレンスとは何者だったのだろう？　彼の激動の人生を研究するのに何年もついやした者たちでさえも、答えを知らない。アラビアのロレンスが通り名となったトマス・エドワード本人は、はたして答えを知っていたのだろうか？

〈原注〉

1　T. E. Lawrence : *Les Sept Piliers de la sagesse*, traduit par Charles Mauron. T・E・ロレンス『完全版　知恵の七柱』（ジェレミー・ウィルソン編、全五巻）、田隅恒生訳注、平凡社東洋文庫、二〇〇八―一〇九年。
2　Richard Aldington : *Lawrence l'Imposteur* (1954).
3　Philippe Knightley et Colin Simpson : *Les Vies secrètes de Lawrence d'Arabie* (1975). フィリップ・ナイトリイ／コリン・シンプソン『アラビアのロレンスの秘密』、村松仙太郎訳、早川書房、一九七七年。
4　*T. E. Lawrence by his Friends*.
5　F. Armitage : *Lawrence d'Arabie, traduit par* S. *M. Guillemin* (1957).
6　J. Béraud-Villars : *L'Affaire T. E. Lawrence* (La Table Ronde, novembre 1954).
7　一九七六年一月八日の手紙。

6　大空の征服者メルモズ（一九〇一―一九三六）

一九二九年三月二日、アエロポスタル社のラテ25（ラテコエール25）機はアンデス山脈に挑んだ。ブエノスアイレスからチリのサンティアゴまで航路を開くのが目的だった。まずブエノスアイレスからアンデス山脈のふもと、チリのコンセプシオンまで一気に飛ぶ。そして標高三〇〇〇メートルの山脈を縦断する。いままでアンデス山脈越えに成功したのは、フランス人女性のアドリエンヌ・ボランと二人のラテンアメリカ人飛行士による三回だけだった。壮挙を定期飛行として定着させること、それはフランスの航空会社アエロポスタルの思いきったくわだてだった。

搭乗したのは、パイロットのジャン・メルモズ、機関士のアレクサンドル・コルノ、六〇歳を超えた航空連盟会長のラ・ヴォー伯爵の三名である。

ラテ25機の翼の下には、切り立った峰、底知れぬ山間の隘路(あいろ)、目もくらむような峠しかなかった。凍りつく空気をつらぬき、メルモズはまっすぐ前を見ていた。一時間以内にチリの平原が見えてくるだろう、そうすれば新しい賭けに勝ったも同然だ。

突然、エンジンの調子が悪くなった。規則正しいうなりが停まり、続いて訪れた沈黙はほかならぬ最悪の事態を告げた。険しい岩、鋭いナイフのような尾根が目前にせまるなか、着陸など絶望的だ。

一巻の終わりか。

いやそうではなかった。その直前、メルモズは左手に、長さ約三〇〇メートル、幅五、六メートルの平地を見つけた。この平らな場所に一縷の望みをかけ、メルモズは機体を傾けた。風が羽布の下で吹きすさんだ。平地がぐんぐん目前に広がってきた。コルノとラ・ヴォーは目をつむった。衝撃とともに車輪は平地のちょうど真ん中に着地した。見事な着陸だったので、ひじょうに精密な着陸装置もぶじだった。

理論的には、ラテ25は数メートルで停止するはずだったが、見こみ違いだった。機体は速度をゆるめることなく、ゆるゆると転がりつづけた。平地と思っていたのに、傾斜があった。もはや目の前に口を開けた谷底に転落するしかなかった。そう、パイロットがメルモズという名でなければ。

ラ・ヴォーとコルノが目にしたのは、突然メルモズがキャビンの縁をまたぎ、決死の覚悟の横っ飛びで岩に飛びつき、飛行機を追いぬき、腹ばいになって飛行機の車輪の一つを背中でせき止めた姿だった！

今度はラ・ヴォーとコルノが地上に飛び降りる番だった。二人は目の前の光景に感動していた。のちにメルモズの友人の作家ケッセルはその情景をみごとに描いた。「三〇〇〇メートルの山頂、アンデスのはてしない孤独と沈黙のなか、空と岩、雲と火山を背景に、飛行機とメルモズは一体となっていた。オリンポスの神々の時代のように、怪物と神さながらの神話的な一組だった」[1]

三人は力を合わせた。石をかき集めて車輪を止めた。コルノはまっさきにエンジンにとりかかった。類まれな腕利き（うでき）の機関士コルノは一時間半で修理を終えた。

石をとりのぞき、三人はキャビンに乗りこんだ。ふたたびプロペラが風を起こし、メルモズは傾斜に沿って機体を走行させた。虚空に一瞬沈んだ後、操縦桿を引いた。ラテ25は思いどおりに高度をとりもどした。機首はチリへ向けられた。

夜、三人は喜びに満ちあふれながらサンティアゴに着陸した。ブエノスアイレス＝チリのサンティアゴ間の航路は開かれた。

†

本書の読者の多くの目に、ジャン・メルモズは伝説の英雄として映っているにちがいないと思う。アンデスの快挙を描いたケッセルの秀逸な文体のおかげで、いまの若者たちは、時代が変わった、あんな人はもういないとばかりに、メルモズを偲(しの)んでため息すらついているにちがいない。

いやとんでもない。いまのフランス人の多くはメルモズと同じ時代を生きていたのだ。一九二五年生まれのわたし自身の子ども時代、日曜日に見る映画でいつもその勝利の数々を見ていたし、当時生きていた彼の姿は目に焼きついている。さらに新聞や雑誌も大きな見出しで彼の活躍を報じていた。わたしはこの点で、友だちから一目置かれる理由がひとつあり、得意だった。わたしのおばの一人がメルモズの知りあいだったのだ。おばはメルモズについて、彼が親戚の一人であるかのように話した。メルモズは伝説の人などではない。彼はまったく身近な存在だったし、わたしたちにとってはほんとうに懐かしい人なのだ。

たしかにこの物語には、聖人伝を作り上げるあらゆる要素がそろっているように思われる。メルモズという名前には「大天使」なる枕詞すらつけられることが多く、歴史家泣かせなのだ。メルモズは天使でもなくスーパーマンでもない。彼はひとりの男だ。それ以上でも以下でもない。一八〇八年、エアフルトでゲーテとはじめて会ったナポレオンが「ゲーテ殿、あなたはまさに男です!」と叫んだのと同じ意味で。

現代において、ひとりの男となる——男でありつづける——とはどういうことなのだろうか?

†

つましい家庭だった。ジャン・メルモズは一九〇一年九月九日に生まれた。母親は横暴な夫と別れ、お針子や看護婦をしながら一人息子を苦労して育てた。その息子は、母親のもっとも大切な望み、すなわち無限の愛情を彼女にそそいだ。

ジャン少年は詩と絵画と彫刻に熱中した。バカロレアに失敗したため、エンジニアを育てるグランゼコールの一つに入学する望みは消えた。一九二〇年六月、メルモズは一八歳で空軍に入隊した。

第一次世界大戦中に輝かしい戦績をおさめたギヌメールやフォンクといった英雄に憧れたのだと思いたがる向きもあろう。こうしたエースパイロットたちは大空を舞台に、栄えある武勲を立てた。彼らのことが念頭にあったのかと聞かれると、メルモズは、空軍を選んだのは給料がよかったのと、自由がきくと思ったからだと答えていた。

基礎訓練が終わると、いよいよ飛行だった。彼が情熱を傾け、生きがいとした対象は、空飛ぶ棺桶さながらのおんぼろ飛行機だった。メルモズがはじめて天と地のあいだでたった一人になったとき、思いがけない酩酊感にとらわれた。それはあまりに激しかったので、彼は着陸した瞬間、この感覚を忘れまいと心に誓った。その夜、母に「熱に浮かされたように空と飛行に惹かれている」と書き送った。

パイロットの免許をとり、メスに派遣されたメルモズはくやしい思いをした。実質的に飛行ができなくなったのである。兵舎の生活、型どおりの仕事、あさましい言動の数々、彼の実力と美貌——じつにいい男だったので——をねたんだ下士官のいじめにひたすら耐える羽目になった。せめて母親に会えたら、と彼は思った。反抗的とみなされた彼は外泊許可をもらえなかった。貧乏だったので気晴らしすらままならなかった。さいわい、女たちがいた。兵役につくまでメルモズは女を知らなかった。金に困っていようと堂々とした風貌はなによりの魅力だった。女たちは簡単になびき、やすやすと引っかかった。金をくれる女もいたし、コカインの手ほどきをした女もいた。またもや英雄のブロンズ像にキズがつく話だが！

ジャン・メルモズは冷静さを失わず、埋もれる気はなかった。レヴァント（東部地中海沿岸）への志願兵が募集されたとき、彼は応募した。最初にレバノンのサイダー訓練基地への出向を命じられた。古代に交易で栄え、シドンとよばれた町である。オリエント世界ははじめてだった。彼はめきめきとパイロットとしての才能を発揮するようになった。パイロットたち——彼もふくめて——にまかされた役割は、とてもやる気がわくようなものではなかった。砂漠のなかで「反逆」罪を犯したベドウィンを見つけ、機銃掃射を浴びせよというのだ。彼は命令に従った。「この『文明化促進』のための攻撃は嫌でたまらない[2]」と母への手紙に書いた。

一九二一年一二月、メルモズはパルミラに来た。パルミラ王国女王ゼノビアが至上の栄誉を謳歌した治世を彷彿させる壮大な遺跡の近くである。一九歳の若いパイロットを待っていたのは、灼熱のなか鉄条網に囲まれ、世間と隔絶された任地だった。基地への補給のための、またベドウィンらを監視するための手段はただひとつ、飛行機だった。メルモズは傷病者輸送機の担当になり、ひじょうに嬉しかった。

ある日、飛行中に彼の乗った飛行機が炎上した。大混乱のなか着陸したが、機関士も彼もぶじだった。しかし、機関士は飛行機から飛び降りるさいに足をくじいた。なにより二人は食料も水もなかった。このままでは死んでしまう。パルミラ基地にたどり着くには、飲まず食わずで一〇〇キロ以上歩き、山中から砂漠まで移動するしかない。それはまた、ベドウィンに捕まって惨殺される危険に身をさらすことでもあった。しかたがない。メルモズは決してあきらめない男だった。彼は四日四晩歩きつづけた。

幸いにもベドウィンに見つかることはなかった。一歩一歩が受難のようだった。二人とも舌がおそろしくふくらみ、口からたれさがっていた。「もはや錯乱状態だった」とのちにメルモズは言っている。機関士が意識を失って倒れたので、メルモズはかつごうとしたが、思いあぐねたすえ、あきらめた。すくなくとも、彼が基地のかなり近くまで行って発見してもらわなければならなかった。そのとき機関士がどこにいるかを教えるだけの気力が彼に残っているよう、神に祈るしかなかった！

数時間後、仲間たちがデリゾール（デイルエッゾル）空港の滑走路で気を失っているメルモズを発見し、救った。彼らはメルモズの言葉を頼りに機関士も救出した。[3]

四八時間後、メルモズはふたたび飛行する準備ができていた。

フランスからの手紙が届くには数週間かかった。酒も女もなかった。数か月がすぎた。イライラがつのって怒りに変わった。そうなると、禁断の陶酔にふたたび手を出すほかない。オリエント世界ではコカインの使用は問題にならなかったので、メルモズはふたたびこの薬にのめりこみ、薬がなければ生きていけなくなった。しかし飛行機が彼を救った。メルモズは飛行中に反射神経を失ったのを感じた。着陸すると、彼は一目散に駆けていき、手もとに残っていた薬物を砂漠にぶちまけた。翌日、「禁断症状」に狂わんばかりになったメルモズは砂丘まで走り、自分がすてたわずかなコカインをとりもどそうと、むだと知りつつ必死の思いで砂をかき分けた。

†

「それからというもの、一度も手を出したことはないよ」と彼は言うのだった。

シリアでの一年半がすぎた。次のナンシーで彼を待ち受けていたのは、またしても兵舎だった。広大無辺な視界と冒険を知ったあとだけになおさら耐えがたかった。ある士官はメルモズのことが気に入らず、プライドが傷つくような嫌な仕事を押しつけた。母親への手紙に、「まったく、ここが空軍かと思うことがときどきある。恥ずべきことがここでは起こっている。一年半のあいだ（シリアで）つらい思いをしたのが、こんなところに来るためだったと思うと情けない。相も変わらぬひどいところで、さんざんな目にあっている」[4]と書いた。

メルモズは、国外軍事行動における戦功十字章と伍長の肩章をつけてシリアから戻っていた。

屈辱的なことが重なり、メルモズは頭に血がのぼった。「ぼくは反逆者になっていた」とのちに書いている。メルモズは脱走も考え、軍法会議にかけられる寸前までいったが、ひとりの大佐の理解が彼を救った。そしてある美しい娘からの愛も。

一九二三年夏のある夜、メルモズは兵営を出て一般市民に戻った。兵舎の鉄柵を越え、解放された喜びに叫んだ。駅で、愛人と会った。彼女は彼にぞっこんで、彼のそばを片時も離れたくなかった。彼女のような女はその後も続出した。

†

パリに着くと、メルモズは手持ち財産を見なおしてみた。一九一九年に作ったスーツ、蝶ネクタイ、絵描きや詩人が当時かぶっていたような大きな黒い帽子、それに一五〇フランが全財産だった。メルモズは自信をもち、やっと生活できると思った。すなわちパイロットの仕事をすることだ。

彼はなんの疑問ももたず、「一〇代で兵隊になり、空飛ぶ機械を動かし使いこなせるようになって以来、わたしは腕ききのパイロットでありこの仕事に全力投球してきた。わたしにはそれしかなかった。わたしはキャビンのなかで真の人生に出会ったのだ。そのまま続けるしかなかった」[5]と書いている。

そのうえ、メルモズはなんの心配もしていなかった。毎月、ロンドン、中欧、モロッコ、東洋と、新しい航路が開かれているのを知っていた。飛行機工場が次々建った。定期航路のパイロットかテストパイロットの口ならいくらでもあると思われた。知りあいがいないのは確かだが、それがなんだというのか？「飛行時間六〇〇時間、いままでに受けた表彰、二一歳という年齢、俺にかなうやつがいるものかと思っていた。そのうえ力と熱意があった！」

メルモズが最初に買ったのは民間航空会社の名簿だった。彼は航空機製造会社、飛行場の幹部、工場長、機長、副操縦士らにかたっぱしから手紙を書き、経歴および飛行に対する「切望」を記した。彼は待った。

返事はまったく来なかった。

もはや最初の一五〇フランも使いはたしていた。ホテル代が一週間分、そして二週間分とかさんでいった。支払いは待ってくれないかと頼みこんだ。航空会社から手紙が来ても、いつも断わりの返事だった。ほかのところは返事すら寄こさなかった。

その後の数か月間は極貧生活だったとメルモズは打ち明けている。愛人と暮らし生計を立てるため、フランスの航空会社の作業員、夜警、車庫清掃夫になった。封筒の宛名書きを一〇〇〇通一五フランで一五時間かけてやったりもした。「腹をすかせた二〇人くらいの男の体臭がこもった、じめじめと汚く煙(けむ)たい部屋で、背中を曲げ、ぼんやりした頭で指をこわばらせながら一五時間もいた！　外の空気と太陽と、思いきり身体を動かすことだけが好きな若者が、である」

彼についてきたきれいな愛人は貧乏暮らしがつくづく嫌になった。毎日午後になると、彼女は化粧をして出ていき、夜遅くまで帰らなかった。彼女は金をもち帰ってきた。メルモズはどこへ行ってきたか、たずねたことはなかった。とうとう彼女に見かぎられ、メルモズはいっそう荒れた生活を送るようになった。「簡易宿泊所に泊まったり野宿したりした。腹ぺこなのに、ミルク入りコーヒーとクロワッサンだけの食事だった。ガリガリにやせていた。ふらふらで眩暈(めまい)がすることもよくあった。モンマルトル通りのカフェに行っていた。店の主人が知りあいだったので、なにも注文しないで朝まで休んでいられた」

彼はいっこうにめげず、「俺はパイロットになるんだ、パイロットになるんだ」と言いつづけた。

一九二四年の夏はうだるような暑さだった。七月末、彼がいつものように、手紙の発信元としているレオミュール通りのホテルに帰ると、「ラテコエール航空会社、トゥールーズ」と書かれた封筒を渡された。呼び出しだ！　トゥールーズ＝カサブランカ線担当の部長が、会社のオフィスに面接に来るよう言ってきたのだ。メルモズは目を疑い、どきどきしながら何回も手紙を読み返した。暗いトンネルをようやく抜け出せる気がした。

困ったことに、トゥールーズまでの切符を買う金がなかった。リールで看護婦をしていた母親が工面できたのは二〇フランだけだった。封筒の宛名書きの仕事を三日間やって残りを補い、夜行列車に飛びのった。

彼は翌朝早く、トゥールーズ駅に降り立った。めざすモントードラン飛行場まで駅から七キロの距離だった。メルモズは希望に胸を躍らせながら足を速めた。雇われるのだ。明日にも飛べるかもしれない！

目的地の飛行場に着いた。メルモズは職員に呼び出し通知を渡した。名前がよばれ、メルモズは地味で飾り気のない部屋に入った。壁には、鮮やかな線が一面に引かれた大きなスペインの地図があった。書類が山積みになったテーブルの向こうで、小柄ながらがっしりした、黒い髭の下の口を固く結んだ男が、重々しい、冷たくささえ感じられる視線をメルモズに向けた。メルモズは飛行手帳と、数々の戦功の証拠となる表彰状を手渡した。男はそれらを無造作にめくって見るだけで、一言も発しなかった。

この男はディディエ・ドラといった。第一次世界大戦で戦ったパイロットで、ピエール・ラテコエールに採用された。トゥールーズの実業家ラテコエールは第一次世界大戦中に航空機製造業をいとなみ、終戦にならないうちから、カサブランカ（モロッコ）、ダカール（セネガル）、ナタール（ブラジル）経由でトゥールーズ＝ブエノスアイレス間の航路を開くという壮大な構想をいだいた。かけあった役所の人間は肩をすくめて「陸と海を越えて二四〇〇キロ飛行するだって？ばかばかしい！」と言ったが、ラテコエールは屈せず頑張った。一九二四年、企画の第一段階が実現した。定期航路ができ、トゥールーズ＝カサブランカ間の郵便物輸送が可能になったのだ。ピエール・ラテコエールはパイロットたちに厳しい口調で言った。

「手紙は毎日出される。飛行機はどんな天候であろうと毎日飛ぶのだ」

この厳命によってすでに多くの者がすでに命を落とし、その後も亡くなる者は後を絶たない。だれひとり逆らわなかったのは、ディディエ・ドラの鋼鉄の意志がモントードランで幅をきかせていたからだった。皆がドラを上司（パトロン）とよぶにはもっともな理由があった。彼に話しかけるときはかならず「ムッシュー・ドラ」とよんだ[6]。

ドラは煙草を口にくわえながら、メルモズの飛行手帳と軍務にかんする書類に目をとおした。メルモズはほめ言葉を期待したが、顎の張った顔に不満げな色が浮かんだだけだった。

「まだなんの経験もないということか」

「飛行時間六〇〇時間です！」

「たいしたことはない。全然」

ドラは疑わしげな表情で、メルモズのすりきれた服や長く伸びた髪を眺めまわすと、鼻で笑った。

「きれいな髪をしているな。労働者の顔ではない」

労働者？　メルモズはなんのことかと思った。

「パイロット志望ですが」

「ここではパイロットはまず労働者でなければならない。段階をふむことだ。整備士として雇う。作業所の主任のところへ行って作業服を受けとるように」

これまでの数多くの応募者と同様に、メルモズは屈服した。ドラという男の厳しい目に「人間的な熱い炎」を見た気がする、とのちに語っている。とはいえメルモズは思いきってたずねた。

「いつになったら飛べるのでしょうか？」

「ここでは質問してはならない。いつ飛ぶかはそのうちわかるだろう。飛べるとしたらな」

三週間のあいだ、マルセル・レーヌとデュブルデューというやはり新入りの二人とともに、メルモズはまず苛性カリで何百本ものシリンダーを洗浄することになる。その後、エンジンの分解と組み立てをさせられた。またしても夢は打ちくだかれるのか？

ある朝、ドラが新入りたちの前を通りすぎ、立ち止まらずにつぶやくように言った。

「明日六時半に滑走路に来るように」

翌朝、七人の新入りは集まった。革ジャンパーの先輩パイロットたちが、どれどれといったようすで「新米」たちを眺めていた。ドラだけでなく彼らの前で操縦しなければならないのだ。最初のパイロットが古いブレゲ14に乗りこんだ。不正確な離着陸だった。そのパイロットが新入りグループのところに戻ると、ドラは怒鳴った。

「だめだ。失格」

二番目のパイロットも容赦なく同じ評価をされた。

「失格」

メルモズの番が来た。彼は武者震いしながら乗りこんだ。六〇〇時間の飛行がどれほどのものか、ドラのやつに思い知らせてやる！

メルモズは完璧な離陸をし、地表近くをゆっくり水平飛行したかと思うと、いきなりシャンデル（機体を反転急上昇させる曲技飛行）をやってのけた。眼下のモントードラン飛行場がとても小さくなった。空の高みでメルモズは得意だった。イストルで、シリアで、ナンシーで、ティオンヴィルで、彼は曲技飛行のエースとみられていたのだ。メルモズは数分で可能なかぎりのあらゆるアクロバット飛行をしてみせた。すべて鮮やかに決まった。あとは着陸だけだ。そこでメルモズは、飛行場の白い円のちょうど真ん中にどうやって「駐機する」かをあの口の悪いドラのやつに見せてやろうとした。彼はその地点に着陸し、直進に立てなおし、数メートル機体を走らせ、滑走路に戻して満足気にほほえんだ。地上に降りると、ドラのほめ言葉を待った。パイロットたちのなかにいないかと探したが、ドラはいなかった。煙草をくわえながらじろじろ見ていた「先輩方」のほうへ近づいていき、「ムッシュー・ドラを見ませんでしたか?」と聞いた。

航路担当の古株のロゼスが南仏訛りで答えた。「探すにゃおよばん。荷物をまとめるこったね、あんた」

メルモズは唖然（あぜん）とした。そのとき、ドラが格納庫から出てきた。その表情からはなにも読みとれなかった。ドラはメルモズに向かってこう言っただけだった。

「自分に満足しているか?」

「もちろんです…部長」

「そうか、しかしわたしは違う。ここはアクロバットをするところではない。サーカスがしたいならよそで見せてくれ」

メルモズはかっとなった。革の帽子を脱ぎ、整備士のロッカールームに飛んでいき、作業服や上着や、身のまわりのこまごましたものをあわただしくまとめはじめた。ぶつぶつ独り言を言いながら荷物をすべてつめ、不当な評価をされた不運を思った。荷造りが終わったとき、背後で重い足音がした。ふり向くと、ドラが立っていた。ドラはジタン・カポラル（煙草の銘柄）の箱をポケットから取り出し、つぶやいた。

「で、行くんだな?」

「はい」と、メルモズは素っ気なく答えた。

「うむ…反抗的で…うむ…うぬぼれ屋で…うむ…自己満足…うむ…むりもない」

「ええ、わたしは自分に満足しています!」とメルモズは叫んだ。

「言うね」

「もちろんです。聞かれたのですから」

「うむ…性格悪いな…うむ…むりもない。鍛えなおしてやろう」

メルモズの怒りは一瞬で消えた。わけがわからなくなった。

「でも…出ていけとおっしゃったでしょう!」

ドラは若い運動選手のようなメルモズを正面から見すえた。

「滑走路に戻るんだ。ゆっくり二〇〇メートルまで上がれ。水平旋回して滑走路の正面に戻れ。

うんと遠くから着陸態勢に入るんだ。定期便の仕事とはそういうものだ」

　のちにメルモズは書いている。「怒りは天にも昇る気持ちに変わった。わたしはジャンパーのボタンをかけながら滑走路まで走った。飛行機に乗りこみ…風のなかでふたたび操縦した。滑走路に戻ったとき、ムッシュー・ドラはいなかったが、先輩たちの温かいまなざしで、もはや嫌われ者ではなくなったことを知った[7]」

†

かなり後になって、ジョゼフ・ケッセルはドラにたずねた。

「どうしてやりなおしの飛行に立ち会われなかったのですか」

ドラは口の端でかすかに笑った。

「その必要はなかったからです。メルモズのレベルはひと目でわかりました」

「ではなぜ、そんなに苦しい思いをさせたのですか」

ドラはゆっくり言った。「うぬぼれた、ひとりよがりな操縦をしたからですよ。定期便をきちんと運行させるには、それではだめなんです。地味な荷かつぎの仕事で、勢いでやるものじゃない。パイロットたる者それをただちに知らなければならなかったのです。さもないと…」

　ドラは火の消えた煙草の灰をとんとんと落とした。

†

定期便。ドラのチームのすべてのパイロットと同じく、メルモズは定期便とはなにかがわかり、愛着をもつようになった。ほかのメンバーと同様、彼もせいいっぱい頑張った。乗りこむ飛行機には戦闘機だったものも多く、百回くらい修理されてエンジンがもっているのが奇跡といっていいくらいのものだと覚悟しなければならなかった。とんでもないおんぼろ飛行機で何があろうと飛び、雨、風、雪、砂漠の灼熱に立ち向かわなければならなかった。これらの古いブレゲ機には一つのプロペラしかついていなかったことも忘れてはならない。故障すなわち墜落であり、よくても不時着だった。メルモズは百回死と隣りあわせになり、百回窮地を脱した。

「航路」はいまやセネガルのサン゠ルイまで伸びていた。モグラのような忍耐強さで、ピエール・ラテコエールは大計画の実現を進めていった。アガディール（モロッコ）から飛ぶとき、つねに反乱を起こしている部族がはびこる砂漠の上空を飛ばねばならなかった。ある日、故障が起きた。メルモズはどうにか着陸した。修理するまもなく、ムーア人らが駆けより、メルモズに襲いかかって激しく殴り、縛りつけてラクダの背に荒々しくのせた。メルモズは何日間も荷物のようにゆられながらつれまわされた。ときおり、思い出したように飲み物をあたえられた。野営地では夜、杭につながれた。ノミやシラミにたかられもした。彼はほかの仲間たちが惨殺されたことを思い出した。しかし、ラテコエール社はメルモズの釈放を求めて交渉した。身代金が払われ、メルモズはスペイン領サハラのカップ＝ジュビーの小要塞の前で釈放された。そこで、のちにまた一人のパイロットと出会うことになる。アントワーヌ・ド・サン＝テグジュペリである。

メルモズは旅日記に記している。

「ラテコエール定期便パイロットの生活の要点。一般的原則、定刻に出発しほぼ定刻に到着すること。それに反した場合、説明はむだ、弁解は無用」

ラテコエールとドラは、メルモズが最高のパイロットだという点で完全に意見が一致していた。二人とも、本人にはそうしたことを言わないようにしていたが、一九二七年、メルモズを主任パイロットとして南アメリカに送りこんだ。定期航路を南アメリカに定着させるのが仕事だった。「ラ・リーニュ」（ザ・ライン）とよばれたラテコエール社（一九二七年、同社は買収されてアエロポスタル社となる）が大西洋を越えるとすればメルモズの派遣なしにはありえなかった。最初、メルモズは強く抗議した。

「それじゃ駅長の仕事じゃないですか！」

メルモズは飛びつづけられるならという条件で、命じられた新たな役割を受け入れた。上司たちは同意した。

メルモズは二六歳で「上司（パトロン）」になった。皮肉なことに、モントードラン飛行場でメルモズの初飛行（デビュー）を鼻で笑いながら見ていた先輩のうち数人がいまや彼の命令に従うことになった。彼らは逆らうことなど考えず、あっさり上司を認めた。

ブエノスアイレスでは夜になると、アルザス出身の老人、バック親父が経営するレストランに皆が集まった。メルモズはフランス航空隊きっての旺盛な食欲の持ち主だったので、がつがつよく食べた。羊のもも肉や若鶏の丸焼きをいくつ食べられるかの賭けに挑んだりしたが、いつも彼が勝つのだった。その後、腕を伸ばしてそばにいた仲間を椅子ごともちあげ、レストラン中つれまわした。メルモズは何キロも泳いだり、野山を長距離走ったりして体力を維持した。バック親父の店で——ほかのところでも——、メルモズのそばにはいつも一人あるいは数人のきれいな女たちがいた。彼は数えきれないほど女をものにし、いつも長続きしなかった。彼はむさぼるように女たちを扱い、執着しなかった。

思いきりむちゃをして遊んだ一夜が明けた朝、メルモズはすっきりさわやかな気分でオフィスに顔を出した。彼は組織づくりだけではなく財務、戦略、渉外においても采配をふった。航路定着のためには、各国政府とつきあわねばならなかったが、メルモズは交渉に長けていた。彼の前には強敵が立ちはだかっていた。アメリカとドイツも駒を進めていた。フランスの航路開発がほかに先駆けて進むかどうかは、航空会社の果敢な気風にかかっていた。規則正しい飛行と郵便物輸送のために、メルモズ以下フランス人たちがほかの者たちより多くの危険をおかしていることを知るのに時間はかからなかった。すなわちメルモズたちは他国のパイロットより、飛行の頻度も速度も上まわっていた。

メルモズは、郵便物の輸送時間をたえず短縮することを念頭に置いていた。人々が「航空」便に頼ることを一般化するには、速さで勝負するしかなかった。南アメリカにある衝撃が走った。メルモズが今後、アエロポスタル社の飛行機を夜間に飛ばすと発表したのである。夜間飛行？　それまでだれもそこまで思いきったことはしなかった。それはむりだよ、と言われてメルモズは一笑に付した。

彼はリオデジャネイロ＝ブエノスアイレス間を一日で飛ぶことにした。ほぼ無人地帯の深い森林におおわれた沿岸の上空を二五〇〇キロ飛べば、船便よりも四日早く運べる。それだけのことだ。

メルモズは最初に出発する役目をみずから買って出て、みごとに成功した。翌日、南アメリカ中が彼の噂でもちきりだった。メルモズの写真が新聞の一面を飾り、人々は称賛し、祝った。悪口を言う人は、危険な挑戦で成功しただけで定期便にするのはむりだろう、と言った。翌週、メルモズはふたたび挑み、成功した。夜間というだけでなく、嵐と突風のなかを飛んだのである。警備員が五メートル先の標識すら見分けられないほど暴風雨が吹き荒れるなか、メルモズは飛行場に着陸した。コックピットには密閉式風防がなかったこと、二四時間のあいだに、ときにはブエノスアイレスとリオデジャネイロとで三〇度も温度差ができることも忘れてはならない。また十分な数の飛行機がなかったこと、同じ飛行機を何度も使いまわしたこと、エンジンが万全の状態ではなかったことも。メルモズは昼も夜も、どんな天候であろうと飛んだ。

ほかのパイロットたちも、いやおうなしにメルモズの後に続かねばならなかった。彼らも成功し、規則正しい運行が勝利をおさめた。フランスはアメリカとドイツを出しぬいた。パイロットたちは皆フランス人で、飛行機もまたフランス製だった。フランス・ブランドのイメージは上がった。

†

次のステップはアンデス山脈だった。読者は、往路でメルモズがどのように困難をのりこえたかをすでにご存じだ。さて復路について語ろう。メルモズはチリのサンティアゴで四日間すごし、お祝い騒ぎにつきあった。つまらなかったが、会社の宣伝をしっかりやっておく必要があった。ラ・ヴォー伯爵とはそこで別れた。ブエノスアイレスへ戻るのに、南経由の航路は大幅な遠まわりになるので、避けることにした。定期航路は最短経路を選ぶべきであり、それが時間を短縮する唯一の手段だった。メルモズは新しい上司であるマルセル・ブイユ＝ラフォンと意気投合した。ブイユ＝ラフォンはアエロポスタル社を手中にした天才的実業家だった。時間は依然としてすべての鍵だった。

メルモズは部下のコルノとともに、まずアンデスのふもとの小さな町、コピアポをめざした。一九二九年三月九日午前一〇時に飛び立ち、長く旋回しながら機体の許すかぎりの高度、四二〇〇メートルまで上昇した。そしてふたたびアンデス山脈に向かってまっしぐらに飛んだ。彼が挑もうとしているアンデスの地点は、もっともゆるやかな峰でさえ四五〇〇メートルの高さがあった。どうやって難所を越えるのか？　メルモズは念入りに計算したうえで大胆不敵な作戦に出た。もっとも高い山頂のあいだに、ところどころ裂け目がある。これを狙うことにした。峻厳な山々の壁に沿って飛び、繊細なレースのような岩と氷のあいだにすきまがないか探したが、見つからなかった。しかし引き返すことなど考えられない。彼がいま、待ちかまえているのは、上昇気流なのだ。一度はとらえたと思い、舞い上がったが、山に衝突しそうになるのを危機一髪でまぬがれた。続けて三度試みたが、失敗した。四度目、さらに高く上昇し、山脈の裂け目の一つにつっこみ、歓声とともに反対側に出た。抜けた！

喜んだのもつかのま、メルモズは急激に落ちていくのを感じた。上昇気流が下降気流になった！　この高度ではどうしようもなく、身をまかせるしかない。山にぶつかるのを避けるだけだ。メルモズは機首をなんとか上に向け、ガスを切った。飛行機は岩にぶつかり、バウンドし、ふたたび落ち、ゆれ、たわんで止まった。

メルモズは後ろの席のコルノをふりかえった。二人は、お互いに生きていたかと顔を見あわせた。機体の下は、ゆるやかに傾斜した台地だった。ほかの場所だったら二人とも重傷を負っていただろう。またしても、奇跡的な幸運が類まれな操縦技術とあいまって、彼らを救ったのだ。

メルモズとコルノは生きていた。しかし、まわりは見渡すかぎり雪と岩の荒野だった。見上げればはるかかなたに山頂が、見下ろせば目もくらむほどの深い淵があった。零下一五度の寒さだった。メルモズもコルノも防寒着は携帯せず、食料も積まずに来た。これでは機体の修理もむりだ。二人はアンデス山脈の囚人だった。メルモズはシリアの山中で機体が故障したときのことを思い浮かべたのだろうか。今度も彼は同じ対処のしかたを選んだ。

「行こう」、とメルモズはコルノに言った。

南のチリのほうへ下りることにした。二人は前後して山を歩き、斜面をよじ登り、また下り、氷の上をすべり、雪のなかにつっこんだ。この精根つきはてた道行きのあいだ、三羽のコンドルが、獲物を狙うようにずっとついてきたことを二人はいつまでも覚えていた。

一時間後、二人は後ろをふりかえった。相当長い距離を歩いたように思い、疲れはてていたのに、飛行機はすぐ近く、五〇〇メートルも離れていないところにあった。こんなに苦しい思いをして歩いてもむだ骨だった。メルモズは岩の上に座り、頭をかかえた。彼の前にはコルノが礼儀正しく待っていた。栄光をきわめてもなおメルモズが「ムッシュー・ドラ」とよんだように、コルノも、長年飛行をともにし、危険をのりこえ、友情で結ばれた仲であるにもかかわらず、上司のパイロットである彼に話しかけるときはかならず「ムッシュー・メルモズ」とよんだ。

「コルノ」、メルモズが言った。

「はい、ムッシュー・メルモズ」

「飛行機を修理すべきだ」

「やってみます、ムッシュー・メルモズ[8]」

二人は来た道を引き返した。三羽のコンドルはいつまでも二人についてきた。午後二時、二人は機体のそばに戻った。胴体が破損し、テールスキッド（尾橇）が引きちぎれ、着陸装置がねじ曲がったと思われた。コルノはうなずいた。道具箱にすべてはそろっていた。

「たぶんだいじょうぶです、ムッシュー・メルモズ」

いまやコルノが上司だった。メルモズは懸命に手伝った。コルノは重要ではない部品をいくつかはずし、手をくわえ、ほかの破損した部品のかわりにした。二日二晩――気温はマイナス三〇度まで下がった――をついやし、少しずつ着陸装置は働くようになり、テールスキッドはつけ替えられ、胴体部の穴はふさがれ、エンジンはふたたび動くようになった。コルノの仕事の出来栄えは、「ムッシュー・メルモズ」が数々なしとげてきた偉業にまさるともおとらないものだった。

あとはメルモズが降り立った傾斜のてっぺんに機体を運び上げるだけだった。機体を極力軽くする必要があった。四八〇リットルの燃料タンクだけでなく、オイル缶、修理用具、機内の座席まで雪のなかに放り出した。腹ぺこで満身創痍で凍えきった二人の男が機体を押して、台地の頂上まで五〇〇メートル登ったのだ。八時間かかった。八時間も！

頂上に着くと、機首を深い淵に向けた。そのときコルノが乾いた声でメルモズに、革の上着を裂いて寄こしてくれませんかと頼んだ。メルモズがわけをたずねると、ラジエーターから水がもれているから、穴を埋めるのに使いたいとコルノは言うのだった。零下一五度のなか、メルモズは上着なしで操縦桿をにぎり、コルノは後部座席に着いた。飛行機は動き出した。岩やごつごつした地面にぶつかったが、車輪はなんとかもった。離陸した！　メルモズは峡谷にぶつかってはバウンドしながら進んだ。最初に通りぬけた山脈の壁の切れ目をもう一度見つけ、そこからチリのほうへ戻るのが狙いだった。新たな上昇気流をとらえたメルモズは山々を越え、二時間後、コピアポに着陸した。

彼がこの話をしても、皆は信じようとしなかった。チリ側は、現地に調査隊を派遣した。隊員らは、機体を軽量化するためにメルモズが四五〇〇メートル地点ですてた燃料タンク、オイル缶、座席を回収し、ラバの背にのせて一か月ぶりにもち帰った。

†

メルモズがフランスにまいもどったのは大西洋のためだった。フランスと南アメリカを結ぶというピエール・ラテコエールのかねてよりの構想があいかわらずメルモズの念頭にあった。そこで壁にぶつかった。夜間飛行のおかげで、ブエノスアイレスとナタールを記録的短時間で結ぶ航路が開かれた。パリからセネガルのサン゠ルイまでの便も同様に最短時間で結ばれた。ところがナタールとサン゠ルイ間となると、郵便物の袋は古い護衛艦で運ばれ、大西洋を横断するのに一〇日以上、場合によっては一五日、事故がおきるとさらに日数がかかる。最後は、アフリカと南アメリカを一足飛びに結ぶことにいどむしかなかった。メルモズはしつこいくらいにフランス航空省にかけあい、一歩前進したドイツとアメリカに負けてはいられないとフランス政府に警告した。これまでの成果をむだにしないためには、絶対にフランスがまっさきに大西洋横断に成功しなければならないのだ。航空省は対応をいっさいしないまま、「陸上」機、すなわち着陸装置（車輪）のある飛行機による大西洋横断の試みをいっさい禁止した。フランス航空省はリンドバーグの偉業を忘れ、水上機を使用するよう要求した。水上機が大西洋のまっただなかで着水した場合、フロートの片方が高めの波をかぶりでもしたらひとたまりもなく沈むということを、このお役所の「論理」は認めていなかった。もちろんこれほどの長距離では、水上機ははるかに重く操縦しにくく危険きわまりない飛行機だった。

議論してもむだだった。ドラとメルモズは意見が一致した。テスト飛行をするため、ラテ28機にフロートをつけることになった。

一九三〇年四月、当局を納得させるため、メルモズとそのチームが非公式で距離と時間の世界記録をうち立てるために搭乗したのはこのフロートつきラテ28機だった。ラテ28機はマリニャン（マルセイユ近郊）とカップ・ダグド（地中海沿岸の岬）間を往復し、三〇時間二五分で四三〇八キロを飛行した。メルモズは天にも昇る心地だった。大西洋を横断した場合の飛行距離を一二〇〇キロも上まわっていたからだ。

ゴーサインは出された。

†

メルモズはアメリカ大陸にジルベルトという魅力的な娘を残してきた。彼は夢中だった。ジルベルトを愛していた。とはいえ、もう一人、フランスに愛人がいた。軽々しくて愛らしいその若い女は、彼が望む以上に彼に首ったけだった。メルモズは、二人の女に対する自分の感情の違いがあることを確信するにいたった。彼が愛したのはジルベルトだった。愛人とは性的関係のみでよかった。

マリニャンのテスト飛行が終わってパリに戻ったメルモズは愛人に、「好きな子をアメリカに迎えに行って、いっしょにフランスに帰って結婚するんだ。だからぼくたちは別れたほうがいい」と気の置けない友だちに言うように言った。

女は黙ってそれを聞き、ほほえんで「そうね、それがいいわ」とうなずいた。彼女は「今夜が最後だから、いっしょにいたい」とだけ言い、メルモズはいいよと答えた。翌朝、マルセイユ行きの一番列車に乗り、近郊のマリニャンからセネガルのサン＝ルイに飛び、南大西洋横断という決定的な挑戦をすることになっていた。

メルモズの終生の友マックス・デルティはその夜二人といっしょに食事をした。デルティはケッセルに語っている。

「ひじょうに楽しい食事でした。ジャンはいつものようにすごく大食でした。けっこう飲みましたし。ちょっと心配だったのはたしかですが、わたしもそんなことはおくびにも出しませんでしたし、ジャンを見ているとまったく安心していられました。ジャンはふだんにまして元気で溌剌としていました。（愛人の）女の子も食欲旺盛で明るかったですよ。わたしもリヨン駅の向かいにある同じホテルに部屋をとっていたので彼らといっしょに帰りました。ジャンに、朝早い列車に乗ってもらわなければなりませんでしたから。彼と同じホテルで泊まるほうがよかったのです」

明け方、マックス・デルティの部屋のドアをどんどんとたたく音がした。ドアを開けると、真っ青な顔のメルモズがぞっとするような目で立っていた。

「来てくれ！」

メルモズはマックスを部屋までつれていった。ベッドの上の若い女は眠っているように思われた。死んでいたのだ。メルモズは動転しており、ちょっと前に冷やりとした感じがして目が覚めたのだと言った。そばの愛人の身体が氷のように冷たくなっていた。自分が眠ったあと彼女が毒を飲んだのだとメルモズはすぐにわかった。

メルモズの声には張りがなかった。

「警察に行ってくれ、マックス。なるべく早く、決まった手続きをすませなくてはいけない。五月の満月は逃せない」

メルモズは定刻に列車に乗り、予定どおりの日にサン＝ルイを飛び立った。熱い思いをいだきつづけた大西洋の上を飛んだとき、思いあまって死んだ若い女の面影がつきまとわなかったはずはない。

ドラは、セネガルのサン＝ルイまで同じ機でチームにくわわるといってきかなかった。メルモズをわきで支えたのは、地中海横断に五〇回も成功した航空士ダブリと、この路線にかけてはもっとも信頼できる通信士ジミエだった。

†

大がかりな水上機は灰色にくすんだセネガル川に着水した。人々が見慣れていた派手な演出の挑戦とは似ても似つかない光景だった。アエロポスタル社はこの出発の際、あえてなんの宣伝もしなかった。快挙というほどではなく、最初の「通常」飛行というわけだった。ピエール・ラテコエールはつねにそういう考え方だったし、マルセル・ブイユ＝ラフォンも同じ意見だった。この挑戦について書きたてた新聞もなかった。五月八日当日、週刊誌「レ・ゼル（翼）」が「メルモズは大西洋横断をめざし、出発地、セネガルのサン＝ルイに到着した」とだけ報道した。

なぜこのように、ニュースにもならず、騒がれもしなかったのか？　メルモズは南アメリカでは有名で、フランスのリンドバーグとよばれ、彼の名をつけたカフェやバーがたくさんあり、メルモズの肖像が描かれたライターや煙草の箱が作られていたものの、フランスではほとんど知られていなかったからである。メルモズが二月一〇日にボルドーに降り立ったとき、税関吏はパスポートに記載された名前が読めず、なんという名前かたずねたくらいである。

「ジャン・メルモズです」

「職業は？」

「パイロットです」

「じゃあ、あっちでも飛行機が飛んでるのかね？」

メルモズは自分の乗る水上機を「ラ・ヴォー伯爵号」と名づけた。アンデス山脈で命がけのとんでもない冒険をともにした後、旧友ラ・ヴォー伯爵は飛行機事故で帰らぬ人となった。先駆者として立派な最期だった。ラテ28機につけられた名前は、勇敢だった人への敬意を表していた。

一九三〇年五月一二日午前八時。メルモズ、ダブリ、ジミエは出発の態勢を整えた。ドラもそばにいた。ラ・ヴォー伯爵号に郵便物が積まれた。通常のフライトというわけである。もしメルモズが成功したら、トゥールーズからブエノスアイレスまでわずか五日で郵便が届くようになる。ドラは救助艇と交差する地点に印をつけた地図をメルモズの前に広げた。ダカール沖一〇〇〇キロ地点で「フォセ号」、フェルナンド・デ・ノローニャ島から数百メートル地点に「ベンティビ号」、サンペドロ・サンパウロ群島（岩礁）沖に「ベクフィグ号」が待機する。

川のほとりには、ちょっとした人だかりができ、メルモズが姿を現わすと拍手が起きた。日焼けしたメルモズは格好よく、ふだんにまして凛々（りり）しく輝いていた。体力も気力も充実した印象をあたえ、なにものも跳ね返さんばかりだった。

一〇時半、離水補助車がラ・ヴォー伯爵号を傾斜面まで押し出した。水上に出た機体は川の真ん中まで引きよせられた。銀色の胴体が陽を受けて輝いた。

当時の飛行機の写真を見ると、人間がこんな小さな機でこれほど長く飛行できたことに驚いてしまう。ラ・ヴォー伯爵号は今日のボーイングと比べればおもちゃのようなものだった。しかもプロペラは一つしかついていなかった！　エンジンが少しでも故障しようものなら悲劇だ。航空省が主張した意見とは裏腹に、遭難したらフロートがなんの役にも立たないことは一目瞭然だった。

一〇時五六分、エンジンが始動し、ラ・ヴォー伯爵号は水面をすべりはじめた。六五〇馬力のイスパノ＝スイザ製エンジンを搭載したラ・ヴォー伯爵号は二六〇〇リットルのガソリンを積み、五五〇〇キロの重さだった。

これほどの重さのかたまりが浮上するのは至難の業だった。ラ・ヴォー伯爵号は徐々に速度を上げながら滑走した。突然、機は水から離れ、空中に浮かび、北に向かって飛んだ。

地上ではディディエ・ドラが水上機を目で追い、海面から立ちのぼる蒸気霧にまぎれて見えなくなるまで見とどけた。

†

「エンジン音に胸が高鳴り、隠しきれない喜びがわいてきた」とメルモズは書いた。メルモズ、ダブリ、ジミエはセネガルのサン＝ルイ上空を旋回し、南大西洋に出た。昼夜をとわずどのような天候でも飛ぶことに慣れていたので、いつもと違う飛行という気はまったくしなかった。メルモズは、「なんの感慨も不安もありませんでした。われわれにとっては、いつもどおり飛行をするのみでした」と述べている。

　広めの機内で、ダブリは地図を見ながら観測と計算に集中し、ジミエは無線機にはりついていた。

　メルモズは終日、時速一六〇キロの速さを維持していることに驚きながら、高度五〇ないし二〇〇メートルにあえて抑えた超低空飛行を行なった。海は静かで茫洋としていた。フォセ号とすれ違い、船橋の三〇メートル上を飛んだ。貨物船フォセ号の橋の上で、船員らが皆、ラ・ヴォー伯爵号に向かってちぎれんばかりに手をふっていた。

　一八時頃、無線機は「ポ・ト・ノワール」（赤道無風帯）の位置情報を伝えた。ブラジルやセネガルの船員たちから、濃霧の発生するこの危険地帯がどれだけおそろしいか、何度も聞いたことをメルモズは思い出した。船がこの地帯に入ると、二度と抜け出せないことを知っていた。巨大な栓で大西洋に封じこめられたようになるのだ。「季節によって、ポ・ト・ノワールはダカールとサンペドロ・サンパウロ群島を結ぶ線を軸に移動する。年の初め、群島の近くにあったのが、ひと月ひと月と、セネガルの沿岸地方に近づいてくる。七月には折り返して群島沖のほうへふたたび向かい、最初の半年に動いた道を逆方向にたどるのだ。南アメリカへの道に、見張りの幽霊が立っているみたいだ」と、やはりパイロットのマルセル・ジュリアンが言った。

　日没時にポ・ト・ノワールに差しかかることを覚悟しなければならない。夜のとばりが下りようとしていた。ジミエがメルモズに一通の電報を差し出した。それには「ワタシノジャン、アナタトトモニイマス　ママン」とあった。

メルモズの目の前にあるのは、行く手に立ちはだかる巨大な壁のような危険地帯だった。彼は一五〇メートルから五〇メートルに高度を下げた。以前アンデスでしたように、壁の切れ目を探したが、夜のことでなにも見えない。機体の照明灯をつけねばならなかった。無線機が沈黙したとジミエが言った。うだるような暑さに、メルモズは着ているものをつぎつぎ脱ぎ、ズボンとシャツだけになった。

奇妙な感覚だった。霧はたえず移ろいながら不思議な形に変化した。一瞬明るくなったかと思えば前よりも暗くなったりした。突然、なんの前ぶれもなく、機体に大量の水が流れこみ、水浸しになった。この霧は水にほかならなかった。水はキャビンの窓をおおいつくし、すきまから入った。同時にいやなにおいが操縦席にただよってきた。三人は焼けつくような喉の渇きを感じた。

夜の闇にのみこまれてから三時間半が経過した。北西の方向に、ようやくかすかな光が見え、メルモズはその明るさに向かってつき進んだ。次の瞬間、水上機はポ・ト・ノワールを抜け出していた。三人の男たちは煌々(こうこう)たる月の光に目を奪われた。「この光は神々しいばかりで、壮大な眺めは天国を思わせた。わたしは熱い興奮を抑えねばならなかった。草原に放たれた仔馬のように、跳ねたり、登ったり、まわったり、つっこんだり、すなわち、思いきり解放感を味わいたいという激しい欲求を感じた。しかしわれわれは自分たちの楽しみだけのために乗っているのではなかった。一三〇キロの郵便物、フランス＝南米間を結ぶ週一回の定期便を運びながら海のまっただなかにいるのだった」とメルモズは書いている。

ジミエが、二番目の救助艇ベンティビ号からのメッセージを受信したと歓声を上げた。彼らはつねに正しい経路をたどっていたのだ。さらにジミエは、やはり叫ぶように言った。

「アンテナが波でさらわれたので、新しいのに変えました。ご心配なく。すべて順調です」

出発の際に用意した備蓄品から、ジミエはサンドイッチとバナナ二本とシャンパン一本をメルモズに差し出した。「まさに腹ぺこでのどもカラカラだった」と、メルモズは後日、回想している。ドラは護衛艦に急いで乗り、サンペドロ・サンパウロ群島（岩礁）に向かっていた。水上機からナタールが見えてきたことを無線で知ったのはそのときだった。ドラはフランスとブラジルの国旗を揚げさせた。知らせはパリにとどいた。この飛行の最新ニュースが朝刊にのるのだ。日刊紙「エクセルシオール」は第一面に飛行服を着たジャン・メルモズの写真を掲げ、「セネガルのサン＝ルイから大西洋横断に出発したパイロット、ジャン・メルモズは、一一時間経過した現在も飛行中」と書きたてた。

†

ラ・ヴォー伯爵号の機内に太陽はさんさんと差しこんでいた。水平線の前に、岩の形がゆっくり見えてきた。サンロケ岬だ、とメルモズは思った。「わたしはただ茫然としていた。胃が縮み、心臓にずしんときた。心が体から離れたような気がした。身体の自由がきかなくなった。大海原を渡ったのちに姿を現わした大地に目がくらんだ。感動的な瞬間、われわれの行程の最高の瞬間だった。わたしは叫び声を上げ、ダブリとジミエが駆けよってきた。わたしは口を開かなかったが、ダブリが『サンロケだ！』と叫んだ。わたしたちは強い絆で結ばれた同じ高揚感につつまれ、協力のすばらしさを実感し、勝利の陶酔をともにした」とメルモズは述べている。

メルモズはガスのレバーと操縦桿を引いた。ナタール上空を低空飛行していた。その後、メルモズは旋回し、ポティンギ川に設けられたアエロポスタル社の基地をめざした。

郵便はトゥールーズからセネガルのサン＝ルイまで二四時間で運ばれていた。ラ・ヴォー伯爵号はそれを、サン＝ルイからブラジルのナタールまでちょうど二一時間で届けたのだ。

水上機は停止した。早くも何艇ものモーターボートがまっしぐらに向かってきたが、ファンではなく、お役人だった。役人たちは「パスポート、通関書類、ワクチン証明書！」と要求した。

三人はなにももっていなかった。書類はスーツケースに入っていたが、ディディエ・ドラが機体を軽くするため、最後の最後にスーツケースごと水上機から降ろしたのだ。そうした事情を説明した。さいわい、役人たちはメルモズの名前を知っていたので、すべてうまくいった。

†

ニュースは南アメリカじゅうに広まった。各国の首都がメルモズをよびたがり、彼もそれに応じた。つねにラ・リーニュ、会社が大事だった。彼が登場するところ、称賛の嵐が起きた。要人による演説、ファンファーレ、あらゆる勲章によるもてなしを受けたが、メルモズはこの長距離飛行は片道ではないと主張した。郵便輸送機は戻るのだと。今度はヨーロッパに郵便をもち帰るのだ。

五月三一日、メルモズ、ダブリ、ジミエはナタールに戻り、彼らがいないあいだに修理されたエンジンの試運転をした。離水、飛行、着水はひじょうに容易になった。メルモズはブラジル＝アフリカ間の飛行予定を組んだ六月八日が待ち遠しかった。

いよいよ当日になった。チリのサンティアゴ、ブエノスアイレス、モンテビデオ、リオデジャネイロの郵便物がヴィルというパイロットの飛行機で到着したところだった。一五〇キロあった。二六〇〇リットルのガソリンを積んだ水上機は重量五五〇〇キロになった。夜の七時半である。輝くような月の光を好条件に、メルモズはすぐに出発することにした。ラテ28機は水上を滑走しはじめ、速度を上げた…しかし浮上できない。左のフロートが沈んでしまった。たしかに風向きも最悪だったし、機体は重かった。メルモズはきわめて飛びにくい状況になるだろうと察した。ぜったいに飛ばねばならない。フランスの商業航空の威信がかかっていた。

メルモズはもう一度やってみたが、水上機は思いどおりに動かなかった。彼は必死だった。午前二時、離陸の試みはもう八回目だった。「それでもわたしは川上から川下あるいは川下から川上のほうへ、流れに沿ったり逆らったり、あるいは側面に流れを受けながら、ありとあらゆる方向から川にいどみ、離水するためにあの手この手で風にのろうとした…　だが向かい風［飛行機は向かい風を受けたほうが揚力が大きくなる］を受けることはできなかった」とメルモズは書いている。搭乗チーム一同は三時間の睡眠をとりにいったん退散した。夜明けになっても風は変わらず南東に吹いていた。五時から七時半にかけて、メルモズはさらに四回、離水を試みたが、いずれも失敗だった。昼時には一六回目に達していた。六月八日二〇時から六月一〇日一六時まで、三五回もの試行錯誤だった！「心は折れ、なにをやってもむだな事実に打ちひしがれ、ちょうどダカールに向かおうとしていた護衛艦に郵便物をあずけた」。そして、メルモズの言葉を借りれば「いとわしい」待ち時間がはじまった。たまらないほど退屈で、食欲もなくすほどだった。七月の最初の便は月齢にあわせて調整し、六日にふたたび出発しようとしたが、また失敗に終わった。

アエロポスタル社幹部から、出発の試行をやめるようにとの指示が無線でとどいた。まさにその瞬間、風向きが変わった。七月七日一七時三〇分、ラ・ヴォー伯爵号は新しい郵便袋を積み、出発した。五三回目にして成功したのだ！

ひどい天気だった。真夜中にサンペドロ・サンパウロ群島を通過し、午前六時、ポ・ト・ノワールに突入した。明け方に脱出したとき、オイルの配管が破損した。アフリカまであと九〇〇キロあった。水上機はとてもそこまでもたないだろう。唯一の手立ては、救援態勢をつねに整えているフォセ号に接近することだった。フォセ号は待機していた。メルモズはフォセ号に機首を向けた。海は荒れており、波の谷間に着水した。フォセ号からキャッチャーボートが放たれ、横づけされた。三人の男はまず郵便物を運び出し、キャッチャーボートに袋をつぎつぎ投げこんだ。最後に三人がボートに乗りこんだ。危機一髪、ラ・ヴォー伯爵号は波間に沈んだ。

†

フランス人は復路におこった災難のことなど忘れることになる。初の南大西洋横断という見事な快挙に、何があろうと瑕（きず）がつくはずがなかった。フランス人は生還したメルモズに感謝すらしていた！

パリで、メルモズはもはや独り身ではなく、ジルベルト・カゾットが彼のところに来た。彼女はアルゼンチン生まれで両親はフランス人だった。メルモズは一九二九年四月あるいは五月に彼女と知りあった。もう一人の偉大なパイロット、ギヨメの妻ノエルの話では、ジルベルトは「魅力的で頭がよくて気品があった」という。そしてめったにないことが起こった。メルモズが恋に落ちたのである。彼らしい、すなわち狂おしいほどの恋だった。そしてこの情熱にジルベルトは応えた。すぐに二人はたがいに、もはや相手なしに生きていけないと思った。大西洋の――彼の言葉では――「初の大ジャンプ」に成功したとき、メルモズはそのまますぐナタール発の特別便に搭乗し、「メンドーサ号」なる船の出発にまにあった。ジルベルトとその母親が、その船でフランスに帰ろうとしていたのである。「再会できたときのうれしさといったら！　ぼくが出発したのを知って一晩中不安だったこともあって彼女は感きわまっていたよ」とメルモズは母に書き送った。

たしかに、メルモズが飛ぶたび、ジルベルトは心配した。そして平然と死をおそれず立ち向かってきたメルモズははじめて問題につきあたった。「残りの人生のために、長年の努力の成果をすて、ひたすら打ちこんできたことを封じるべきでしょうか？　二度と飛ばず、戦わず、挑戦せず、危険をおかさぬべきでしょうか？」と母に書き送っている。このときは彼のなかで飛行が恋に打ち勝った。

この手紙は六月二日付けだが、一〇月三一日になると調子が変わっている。ふたたび母への手紙に「ぼくが夢を描いた二つの生活は両立しないことがいま、しみじみわかりました…　しかし彼女をとても愛していますし、つらい思いをするのはぼくのほうがいい。ですから、もう、飛ぶのはひかえめにします…　こうして飛行を減らすことに強い意志で耐えるつもりです。ママン、こう言っておきながら不安です…　前人未到の頂点に達するため、高みへ昇るため、命を懸けてきたぼくが…　とうとうぼくも自分の理想を制限することになります…　たんなる一パイロットとして、定職につき、それで満足し…飛ぶのはときどきになるでしょう。そして彼女の愛情が、ぼくの犠牲のつらさをやわらげてくれるでしょう…　この苦しい思いをけっして気づかれないようにしているので、彼女は幸せそのもの、ぼくがあきらめたものなどなにもないと思いこんでいいる。

るのです…なにも。そして彼女がずっとそう思っていてくれればいいと思っています」と書いている。

メルモズは真剣だった。恋をしていたからだ。じつは、メルモズはなにもあきらめなかった。メルモズという人間はけっしてあきらめないからだ。一九三〇年八月、母が住むパリ七区の聖フランシスコ・ザビエル教会でジルベルトと結婚した。驚いたことに、離別していた父親のジュール・メルモズもこのとき姿を現わした。

ジルベルトの写真をつくづく眺めると、夢中になったメルモズの気持ちがわかる。目の覚めるような美しい女性なのだ。しかしながら、ノエル・ギヨメの記憶によると、ジルベルトは路線パイロットと生活をともにする心がまえができていなかったという。「彼女は有名になったばかりの頃のジャン・メルモズと出会ったのですが、なかなか自分を曲げない性格でした。当時メルモズが彼女にあたえられたもの、つまり、ときには物質的にかなり不自由で、不便なことも多い生活になじめず、ヨーロッパか南アメリカに住みつづけたがり、寄航して一時的にどこかに滞在するのは嫌だといい、まったく歓迎していませんでした」。とはいえノエル・ギヨメはジルベルトのあきらかな長所を認めていた。ジルベルトは金遣いが荒いほうではなく、それどころか、「家計のやりくりは上手で、贅沢(ぜいたく)を望むようなこともありませんでした」。ノエルは語る。「(ジルベルトは)とてもいい子でした。でも、うまく言えませんが、パイロットの妻にふさわしいなにかが欠けていました。ジルベルトが自分の夫となる人を知ったとき、彼はもう偉くなりすぎていました。仲間との関係で彼女が悩んだのはまさにそれだったと思います。確かなのは、飛行は彼女にとって負担が多く、彼女は不幸せ、あるいはあまり幸せではない生活を送っていたということです。ギヨメとわたしは彼女が大好きでしたが……」[9]

ジルベルトはメルモズの母親と向きあわねばならなかった。もちろん母親は、こよなく愛する一人息子の幸せをただ祈っていた。しかし、その息子を奪われたという気持ちはどうしてもぬぐえなかった。ジルベルトはそんな義母に対して一歩ゆずりながら接していたが、十分ではなかったのかもしれない。メルモズは子ども好きだったが、まもなくジルベルトは子どもが産めないとわかった。

彼女はメルモズが日々危険に身をさらしていることに慣れることができなかった。ジョゼフ・ケッセルが結婚して二年たった二人と話していたとき、メルモズが妻の前で急に叫んだ。

「できると思ったら、何があろうとだれにとめられようと、危険な長距離飛行をけっしてあきらめない」

そのときジルベルトは「わたしが飛行機の前に身を投げ出しても?」とたずねた。

メルモズは「一五トンの積み荷があったとしても、君を轢いていく」と、「強烈なほど重々しく」答えた。

ジルベルトは冗談のつもりだったかもしれないが、メルモズは真剣だった。

二人はけっきょく別れ、メルモズの伴侶は飛行機だけになった。

†

ジョゼフ・ケッセルがメルモズにはじめて会ったのは大西洋横断に成功したあとだった。モンパルナスの小さなレストランの戸口に立ったメルモズの姿をケッセルはいつまでも覚えていた。ケッセルはメルモズと面識はなかった。まだその頃は、ジャーナリズムが彼の写真をあちこちで掲載していなかった。「がっしりした肩の男が、ブロンドの巻き毛の頭をすっくと上げ、細く開いた入り口に現われ、すぐに壁が目の前にせまって驚いたかのように狭い店内をさっと見まわした。一瞬にしてその本性と職業はだれの目にも明らかだった。ただの人、ただのパイロットではなかった。彼の身体からは壮大な自然と空間の気配がした。彼は祝福の聖油をぬられ、世界中の花粉を身にまとっているかのようだった」

ケッセルが感動したのは、勝者であり征服者であるメルモズが、突然、驚くほど無防備な子どものような表情になり、にこやかに近づいてきたことだった。「まだ見慣れていなかったからだが、このほほえみが、ことに傷つきやすい英雄的本質をいかによく表わしているかをこの夜ほど感じたことはなかった。メルモズは内気で気配りができる人だった。柔和で感受性が鋭く、少し茫洋としていた。寛大さと善意、夢とメランコリーという無尽蔵でゆるぎない天性を、彼はそっとなにげなく見せた。誠実で、かすれた遠慮がちなその声は、思わず知らず彼が見せる心の奥をさらに明らかにした。くぐもっているが調和のとれた音を聞くようだった。内なる歌と思慮ある高揚に満ちていた。夢に育まれながらも傷を負っているかのようだった。その後六年間の友人関係をへてわたしが学んだことはすべて、メルモズのほほえみと声から感じとれた悲痛と啓示のようなものに集約されていた」

六年間、そう、なんと多くの出来事があったことか！　アエロポスタル社が倒産した。ブイユ＝ラフォンが資金調達能力を過信していたのが原因だった。イギリス人、ドイツ人、アメリカ人、イタリア人、オランダ人がこの機に乗じてあちこちでフランス人を蹴落とすようになったのを知り、メルモズは頭に血がのぼった。メルモズはトゥールーズ＝カサブランカ間やマルセイユ＝アルジェ間をあいかわらず飛びつづけた。彼のもっとも大事な夢は、いまでもやはりアメリカだった。南大西洋航路を世界に認知させるためのしっかりした飛行機を探し求め、ついに見つけた。天才的製作者、エミール・クジネが作った飛行機だった。

†

一九三三年一月一六日、メルモズは三発機「アルカンシエル（虹）号」に乗ってセネガルのサン＝ルイを離陸し、同日夜、ナタールに着陸した。平均時速二三〇キロ、一四時間で大西洋を横断した。虹号はブエノスアイレスまで飛ぶことになっていた。フランスの飛行機は南アメリカでふたたび栄光に輝いた。三つのうち一つのエンジンが故障したにもかかわらず、メルモズは見事な飛行で虹号をダカール、そしてル・ブールジェ（パリ郊外の飛行場）につれもどした。

わたしは子どものように嬉しかった。この勝利によって人々が新たな歓喜にわいたことはけっして忘れない。晴れ晴れとしたメルモズの顔が新聞の一面を飾った。機械が精度を高め存在感を増しつつあった時代にまさに「うってつけの」英雄は、フランス製飛行機の名誉を一身に集めていた。

成功をたたえた何百万の人々のなかで、ほかならぬ彼らが崇拝するメルモズがもっとも理解されない人間となったことに気づいた者はほとんどいなかった。メルモズが操縦した虹号は、設立されたばかりの新会社、エールフランスが定期便を就航させることは可能だ、とはっきりと示した。メルモズの考えでは、エールフランスは国営企業である以上、彼がフランスにもたらしたこのうえない名誉を生かし、デモンストレーションの成果を実務に結実させねばならない。

メルモズは待ったが、なんの音沙汰もなく、いら立った。フランスの運命はいったいどうなるのだ？　フランス人が創造し、技術を革新し、先頭を走り、世界が喝采を送っている。そのあと、なんの推進策もないからといって、果敢な成功の甘い汁をみすみす他国に吸わせるのか？「ハンニバル、あなたは勝つことに長けているが、勝利の余勢を駆ることはおできにならない…」(カンナエの戦いに勝利した直後ローマに攻め入るべきとの進言をしりぞけたハンニバルに部下マハルバルが言った言葉)。メルモズの頭にそんな連想が浮かんだ。彼は方々の役所に足しげく通ってつめよったが、緩慢で腰の引けた反応しか得られなかった。政治家にもかけあったが、彼らの無能ぶりをつくづく感じただけだった。かなり前向きな者でさえ、硬直化した制度に手をつけて変革しようとすることはできないとわかった。

発展のチャンスが奪われていくことにいら立ち、メルモズはラ・ロック大佐率いるクロア・ド・フ（右翼団体「火の十字団」）に加入して活動するようになり、左派の反感をかってファシストと非難された。あまりに短絡的な反応だったが。

メルモズが心から幸せを感じるのは操縦席に座ったときだけだった。失望させられたこの地上から遠ざかったときだった。南大西洋に航路がようやく開かれたが、なぜこんなに遅れたのか、彼は理解できなかった。毎週、飛行機はダカールからナタールに、あるいはナタールからダカールに飛んでいる。ラテコエールの夢がかなったのだ。メルモズが数えてみると、引きかえに五〇人の命が奪われていた。

航路が敷かれたというのに、役所は水上機が望ましいと言いつづけた。再度メルモズは、ガソリンをやたら消費してフロートのおかげで速度が出ない、あの重い水上機ではなく、速くて頑丈な飛行機にするよう交渉したが、聞き入れられなかった。

†

映画館でメルモズの姿が映し出されるたび、観客から思わず拍手が起こった。メルモズはレジオン・ドヌール勲章コマンドゥールを受章した。大天使などとよばれると、メルモズは肩をすくめた。彼はつねに昔のままだった。騒々しいほど陽気かと思うと深い悲しみに沈み、羽目をはずすかと思えば賢明で、相反する要素をあわせもった不思議な人物だった。異教の半神の理想像であったが、長距離飛行と恋愛沙汰のあいまをぬって教会へ行き、告解をしたりする一面もあった。

一九三六年一二月初め、吉報がとどいた。南大西洋に——パイロットの隠語で——「郵便(フェール・アンクリエ)する」順番がふたたびめぐってきたのだ。メルモズは自分の領地、自分のものに再会することになった。あの大海原はぼくのものだ、と彼は無意識に思っていた。わたしたちも彼と同じ思いだった。

パリを発つ前の日、メルモズは母といっしょに三五歳の誕生日を祝った。彼に大抜擢の話がもちあがったところだった。提示されたポストに彼がつけば、フランス航空界に失地回復のチャンスをあたえられるかもしれない。友人のジャック・ド・サン＝ピエールは、「今度の飛行をだれかに代わってもらって、できるだけ早く、君を守り立ててくれる人たちに会うべきだ」と何度も言った。メルモズは仲間たちがダカールで待っているから、行かないわけにはいかないと、きっぱり断わった。

メルモズはダカールに飛行機で行った。友人のアンリ・ギヨメがセネガルの空港で待っていた。ギヨメは「南十字星号」の搭乗デッキまで見送ってくれた。もちろん水上機だったが、七年前のラ・ヴォー伯爵号などより格段に馬力があっていい機体だと、メルモズは平然としていた。一二月七日朝、メルモズとともに搭乗するチーム一同にとって、こうした飛行はすでにルーティーンとなっていた。副操縦士はアレクサンドル・ピショドゥ、航空士（ナビゲーター）はアンリ・エザン、無線士はエドガー・クリュヴェイエ、機関士はラヴィダリという陣容で、ひじょうによい雰囲気だった。メルモズが南大西洋を横断するのはこれで二四回目だった。

まだ夜中で、降るような星空だった。天気予報は好天を告げていた。ギヨメはメルモズに、気をつけてな、と声をかけた。南十字星号は穏やかな海にすべり出した。離水がいつもより長くかかり、「なかなか終わらない」ように感じてギヨメはあれっと思ったが、ようやく水上機は海面から飛び立った。ギヨメは機体の灯を目で追い、見えなくなってから帰路についた。

基地の警備員が予期せぬエンジンのうなりを聞いたのは朝の六時だった。南十字星号が出発地点に戻ってきたのだ！　主任機関士のラベイユがモーターボートに飛びのり、水上機のほうへまっしぐらに向かった。ラベイユがボートを横づけにするや、メルモズが叫んだ。

「可変ピッチプロペラの一つが、高速へと切り替えできない。ほかに乗れる機体があったら、すぐ郵便を積み替えてくれ。ファルマン（航空機メーカーの名）があるだろう」

ラベイユは疑わしげに答えた。

「ファルマンの準備には何時間かかかります」

「じゃあ南十字星号でもう一度出発しよう」とメルモズは言った[10]。

修理が終わり、七時少し前に水上機はまた飛び立ち、沖へと消えていった。

出発基地では、皆が水上機の行方を気にしていた。エドガー・クリュヴェイエは位置を測定し、同時に「すべて順調」との信号を送った。

一〇時四七分、水上機が海岸からおよそ八〇〇キロ離れたところで、突然ダカールの無線機が南十字星号からのメッセージを受信した。「後部右エンジンを切る」。いったいメルモズに何が起こったのか、オペレーターは、状況を明らかにする次のメッセージをもどかしく待ったが、そのあとなんの受信もなかった。いくらよびかけても、南十字星号からなんの応答もなく、そのまま通信がとぎれることになる。警報が出され、船が捜索に総動員された。ギヨメは、メルモズが待とうとしなかったファルマン機に飛びのり、最後の位置確認があったあたりまでまっしぐらに向かった。見渡すかぎりの大海原が眼下に広がっていた。海はかすかにうねっていたが、ほかにはなんのしるしも残骸もなかった。周辺ことごとく航行していた郵便船や貨物船は迂回して捜索した。ドイツのルフトハンザ航空も自社の水上機を――ライバルだったが――派遣して捜索にくわわるよう指示したが、手がかりは見つからなかった。

アンデス山脈をはじめ幾多の飛行をともにのりこえた、かけがえのない存在だったコルノが、数か月前に同じ経路の飛行中、南大西洋で落命していた。訃報を知ったメルモズは、深い悲しみに襲われた。「メルモズが力を落とした姿を見たのはあのときだけだ。今回ばかりは救えず、無力だった自分の手を見つめていた。『コルノは、死ぬならぼくと一緒のときしかないはずだった。この二人のコンビを引き裂いたなんて運命は不公平だ』[11]と彼は言っていた」とアントワーヌ・ド・サン゠テグジュペリは書いている。

メルモズはコルノのあとを追うように逝った。コルノだけでなく、航路が存続し、航空便が定期的に運ばれるべく貢献し、散っていった仲間に再会するために。

メルモズの訃報がパリにとどき、ラジオ——そしてすぐに新聞雑誌も——で全国民に伝わったとき、フランス中が文字どおり動きを止めた。数百万人の心臓が一瞬鼓動を止めた。国中がみずから進んで喪に服したかのようだった。

次の日、わたしたちの高校はお葬式さながらの雰囲気だった。それはジャン・メルモズの最後の逆説的な勝利だったかもしれない。終わりのない通夜のように、いつまでも消えない悲嘆の種を残された人々の心にまいたのだから。


〈原注〉

1 Joseph Kessel : *Mermoz* (1938). ジョゼフ・ケッセル『空の英雄メルモーズ』、山崎庸一郎／水野綾子訳、中央公論社、一九八八年。
2 クリスティアン・メルシオール＝ボネ・コレクションから。
3 Marcel Jullian : *Vingt heures pour vaincre l'Atlantique Sud*（南大西洋征服の二〇時間）, *Les Années difficiles*（苦難の時代）所収、Gilbert Guilleminault監修、一九五八年。
4 Bernard Marck : *Il était une fois Mermoz*（昔メルモズがいた）、一九八六年。
5 Jean Mermoz : *Mes vols*（わが飛行）、一九三七年。
6 Marcel Migeo : *Didier Daurat* (1962)

6　大空の征服者メルモズ

7　Jean Mermoz、前掲書。

8　Joseph Kessel、前掲書。

9　Noëlle Henri Guillaumet : « Ce n'était pas un mari facile... », revue *Icare*, nos 48-49.（ノエル・アンリ・ギヨメ「甘い夫ではなかった…」、フランスの航空雑誌「Icare」四八―四九号）

10　『わが飛行』の一九八六年版、ベルナール・マルクとジャン＝ポール・オリヴィエによる注。

11　一九三六年一二月一〇日付「*L'Intransigeant*」（日刊紙）。

◆著者略歴◆

アラン・ドゥコー（Alain Decaux）

歴史家、テレビプロデューサー。パリ大学で法律を学ぶかたわら歴史に興味をもち、フランスの歴史を中心に多数の歴史書を発表。1951年からラジオ番組「歴史討論」をはじめ、半世紀近く続く長寿番組となった。テレビプロデューサーとして「歴史の謎」、「カメラによる歴史探訪」など多くの歴史番組を手がけ、「リストワール」、「イストリア・マガジーヌ」などの歴史雑誌の編集にもたずさわる。1979年にアカデミー・フランセーズ会員となり、1988年から91年までフランス語圏担当大臣をつとめた。2016年に90歳で死去。邦訳書に、全4巻の『フランス女性の歴史』（大修館書店、1980年）などがある。

◆訳者略歴◆

神田順子（かんだ・じゅんこ）…1−3、5章担当

フランス語通訳・翻訳家。上智大学外国語学部フランス語学科卒業。訳書に、ラズロ『塩の博物誌』（東京書籍）、ペルニエ＝パリエス『ダライラマ 真実の肖像』（二玄社）、ヴァンサン『ルイ16世』、ドゥデ『チャーチル』（以上、祥伝社）、共訳書に、デュクレ『女と独裁者——愛欲と権力の世界史』（柏書房）、ビュイッソンほか『王妃たちの最期の日々』、ラフィ『カストロ』、ゲニフェイほか『王たちの最期の日々』、ビュイッソンほか『敗者が変えた世界史』、ビュイッソン『暗殺が変えた世界史』、ゲズ『独裁者が変えた世界史』、バタジオンほか『「悪」が変えた世界史』（以上、原書房）、コルナバス『地政学世界地図』（監訳、東京書籍）などがある。

村上尚子（むらかみ・なおこ）…4章担当

フランス語翻訳家、司書。東京大学教養学部教養学科フランス分科卒。訳書に、『望遠郷9 ローマ』（同朋舎出版）、オーグ『セザンヌ』、ボナフー『レンブラント』（以上、創元社、知の再発見双書）、ブレゼほか『世界史を作ったライバルたち』、ビュイッソンほか『敗者が変えた世界史』、ゲズ『独裁者が変えた世界史』、バタジオンほか『「悪」が変えた世界史』（以上共訳、原書房）などがある。

清水珠代（しみず・たまよ）…6章担当

上智大学文学部フランス文学科卒業。訳書に、ブリザールほか『独裁者の子どもたち——スターリン、毛沢東からムバーラクまで』、デュクレほか『独裁者たちの最期の日々』、ダヴィスほか『フランス香水伝説物語——文化、歴史からファッションまで』（以上、原書房）、ルノワール『生きかたに迷った人への20章』（柏書房）、共訳書に、タナズ『チェーホフ』（祥伝社）、ラフィ『カストロ』、ブレゼほか『世界史を作ったライバルたち』、ビュイッソンほか『敗者が変えた世界史』（以上、原書房）、コルナバス『地政学世界地図』（東京書籍）などがある。

傑物が変えた世界史
上
ドラキュラ伯爵、狂王ルートヴィヒ二世からアラビアのロレンスまで

●

2021年2月25日　第1刷

著者………アラン・ドゥコー
訳者………神田順子
村上尚子
清水珠代
装幀………川島進デザイン室
本文組版・印刷………株式会社ディグ
カバー印刷………株式会社明光社
製本………小泉製本株式会社
発行者………成瀬雅人

発行所………株式会社原書房
〒160-0022　東京都新宿区新宿1-25-13
電話・代表　03(3354)0685
http://www.harashobo.co.jp
振替・00150-6-151594
ISBN978-4-562-05897-6